# COURS
# D'ART ET D'HISTOIRE
## MILITAIRES,

Par J. VIAL,

CAPITAINE D'ÉTAT-MAJOR,

Professeur d'Art et d'Histoire militaires à l'École impériale d'application d'état-major.

## PREMIÈRE PARTIE.
### LIVRE I.

PARIS,

LIBRAIRIE MILITAIRE,

J. DUMAINE, LIBRAIRE-ÉDITEUR DE L'EMPEREUR,

Rue et Passage Dauphine, 30.

1861

# COURS

# D'ART ET D'HISTOIRE

## MILITAIRES.

Imprimerie de Cosse et J. Dumaine, rue Christine, 2.

# COURS

# D'ART ET D'HISTOIRE

## MILITAIRES,

### Par J. VIAL,

CAPITAINE D'ÉTAT-MAJOR,

Professeur d'Art et d'Histoire militaires à l'École impériale d'application d'état-major.

## PARIS,

LIBRAIRIE MILITAIRE.

J. DUMAINE, LIBRAIRE-ÉDITEUR DE L'EMPEREUR,

RUE ET PASSAGE DAUPHINE, 30.

1861

# AVANT-PROPOS.

—

Je publie le Cours que je professe à l'École d'état-major.

Profitant d'une situation exceptionnelle, disposant de la bibliothèque de l'École et de documents nombreux sur l'art et l'histoire militaires, j'ai rassemblé pour l'établissement de ce Cours tous les principes qui m'ont paru les plus clairs, les plus simples, les plus utiles et les meilleurs.

Je les ai présentés dans l'ordre qui m'a semblé le plus convenable et le plus méthodique.

Je les ai appuyés par les exemples qui m'ont paru les plus propres à en faciliter l'intelligence.

Tel est le travail de recherche et d'analyse dont je publie le résultat.

J'espère que cette publication présentera les avantages suivants :

1° Elle évitera à mes successeurs l'embarras où je me suis trouvé en 1856, quand j'ai été nommé professeur à l'École. Les travaux de mes prédécesseurs m'ont alors complétement manqué. Je n'ai rien trouvé en dehors des programmes. J'ai dû prendre mon travail de très-haut et consacrer beaucoup de temps à la recherche des matériaux que je voulais employer. Désormais, mes successeurs n'auront plus à créer, mais seulement à modifier et à perfectionner.

2° Les élèves de l'École doivent prendre des notes en écoutant mes leçons : quelque soin qu'ils y apportent, ils ne peuvent jamais avoir qu'un travail inexact. La rédaction que je leur présente me paraît devoir leur être utile en facilitant leurs travaux de l'année ainsi que la préparation de leurs examens et en leur permettant de conserver trace de mon Cours à leur sortie de l'École.

3° Les officiers qui s'occupent d'art et d'histoire militaires trouveront réunis dans ce livre des principes épars dans une foule d'ouvrages différents ; ouvrages qu'il est parfois difficile de se procurer.

En même temps, j'appelle sur les divers sujets que j'ai traités leur attention, leurs appréciations, leurs critiques. Et ces appréciations, ces critiques serviront à m'éclairer moi-même et me fourniront plus tard les éléments d'un travail nouveau et meilleur.

4° Enfin, je crois qu'il n'existe pas en France un ouvrage embrassant le même cadre que le mien.

Ce cadre résulte du programme donné à l'École par le comité d'état-major. Il est plus complet que celui d'aucun des ouvrages qui ont traité jusqu'ici de l'art et de l'histoire militaires.

Quelle que soit la manière dont je l'ai rempli, il me paraît intéressant de le faire connaître, comme plan d'études militaires, comme programme du Cours de l'École d'état-major, enfin comme base et comme type d'un ouvrage sur l'art et l'histoire militaires.

Tels sont les motifs principaux qui m'engagent à publier mon Cours.

Je désire être utile à mes successeurs, aux élèves de l'École, aux officiers de l'armée.

C'est pourquoi je compte sur l'indulgence des uns et des autres.

# TABLE DES MATIÈRES.

## PREMIÈRE PARTIE,

ou

### COURS DE PREMIÈRE ANNÉE.

## LIVRE PREMIER.

### INSTITUTIONS MILITAIRES DES ÉTATS.


1<sup>re</sup> Leçon.—Considérations générales.—De la guerre.—De l'art militaire.—Coup d'œil sur l'histoire militaire.

2<sup>e</sup>.—Systèmes militaires des États.—Des armées permanentes.—Leur organisation.

3<sup>e</sup>.—Réserves.—Recrutement et remontes.

4<sup>e</sup>.—Discipline.—Administration.—Instruction.—Établissements militaires.

5<sup>e</sup>.—Système militaire de l'Empire français.

6<sup>e</sup>.—Institutions militaires de la Prusse.

7<sup>e</sup>.—Organisation militaire de l'Autriche.

8<sup>e</sup>.—Système militaire de la Russie.

# — x —

## LIVRE II.

ÉTUDE PARTICULIÈRE DES DIFFÉRENTES ARMES ET OR-
GANISATION DES ARMÉES ACTIVES.

9e Leçon. — Étude de l'infanterie. — Son organisation. — Ses propriétés.

10e. — Tactique élémentaire de l'infanterie. — Ses formations.

11e. — Organisation, propriétés et tactique élémentaire de la cavalerie.

12e. — Organisation, propriétés et tactique de l'artillerie.

13e. — Organisation des armées actives.

14e. — Leur rassemblement. — Leurs approvisionnements. — Leurs
équipages.

15e. — Établissement d'une armée active dans des cantonnements,
camps ou bivouacs.


## LIVRE III.

DES PETITES OPÉRATIONS ET PARTICULIÈREMENT DES RE-
CONNAISSANCES.

16e Leçon. — Des petites opérations. — Avant-postes. — Convois, etc.

17e. — Des reconnaissances militaires. — Leur classification. — Des reconnaissances journalières. — Des reconnaissances offensives.

18e. — Reconnaissances spéciales. — Reconnaissance des voies de communication et des défilés.

19e. — Reconnaissance des cours d'eau et des positions militaires.

20e. — Reconnaissance des lieux habités et des bois. — Reconnaissances
statistiques. — Fin de la première partie.

# SECONDE PARTIE,

ou

## COURS DE SECONDE ANNÉE.

—



### LIVRE PREMIER.

DIFFÉRENTS THÉATRES SUR LESQUELS OPÈRENT LES AR-
MÉES ET ÉTUDE DU ROLE QUE JOUE LE TERRAIN A
LA GUERRE.

1re Leçon.—Diverses parties de l'art de la guerre.—Introduction à la
stratégie.

2e.—Introduction à la grande tactique.

3e.—Des frontières, considérées comme théâtres d'opérations.

4e.—Influence sur les opérations, du terrain et de ses divers accidents.

5e.—Rôle des cours d'eau.—Leur étude.

6e.—Des marches en général.—Marches de concentration.

### LIVRE II.

#### DE LA STRATÉGIE.

7e Leçon.—Étude d'un théâtre d'opérations.—Points stratégiques.

8e.—Lignes stratégiques.—Des bases d'opérations.—Des fronts d'opérations.

9e.—Des lignes d'opérations.—Des lignes de communication.

10e.—Des lignes d'opérations doubles et multiples.

11e.—Des plans de campagne offensifs et défensifs.

12e.—Des marches stratégiques de front et de flanc.

13e.—Des marches stratégiques rétrogrades ou des retraites.

14e.—Ensemble des opérations stratégiques d'une campagne offensive
ou défensive.

# LIVRE III.

## DE LA GRANDE TACTIQUE.

15e Leçon.—De la grande tactique.—Du champ de bataille.—Des positions militaires.

16e.—Suite des positions.—Emploi des retranchements en campagne.

17e.—Des ordres de bataille.—Ordres de bataille défensifs.

18e.—Ordres de bataille offensifs.—Choix des points d'attaque.—Attaque d'aile.

19e.—Attaque centrale.—Attaque de flanc.—Attaque de revers.—Combinaison des diverses attaques partielles.

20e.—Des marches tactiques.

21e.—Des batailles.—Des batailles offensives.

22e.—Des batailles défensives.—Conclusion.

# PROGRAMMES ANALYTIQUES

## DES LEÇONS.

---

## PREMIÈRE PARTIE

ou

### COURS DE PREMIÈRE ANNÉE.

---

## LIVRE Iᵉʳ.

### INSTITUTIONS MILITAIRES DES ÉTATS.

---

### 1ʳᵉ Leçon.

Plan et ensemble du Cours. — But que l'on s'y propose. — Liaison entre l'art et l'histoire militaires.

De la guerre. — De l'art militaire. — Sa définition. — Son importance.

Coup d'œil rapide sur l'histoire de l'art militaire, depuis son origine jusqu'à nos jours.

### 2ᵉ Leçon.

Systèmes militaires des États. — Leurs diverses formes. — Différents éléments qu'ils comportent.

Des armées permanentes. — Leur nécessité. — Leur chiffre. — Maximum et minimum.

Principes d'organisation des armées permanentes. — Des cadres. — De la hiérarchie. — Des corps hors ligne.

## 3ᵉ Leçon.

Des réserves. — Réserve de l'armée. — Réserves nationales.

Du recrutement. — Ses différents modes à diverses époques. — Méthodes actuelles. — Avantages et inconvénients de chacune d'elles. — Considérations relatives à l'âge de l'appel, à la durée du service, au choix du contingent, etc.

Des remontes. — Divers systèmes. — Action du Gouvernement dans la production des chevaux.

## 4ᵉ Leçon.

Suite des institutions militaires d'un État.

De la discipline. — De la justice militaire. — De l'avancement et des récompenses.

De l'administration.

De l'instruction.

Des établissements militaires.

## 5ᵉ Leçon.

Système militaire de l'Empire français. — Considérations générales.

Organisation de l'armée permanente. — Troupes. — États-majors.

Réserves. — Divers autres éléments de nos institutions militaires.

## 6ᵉ Leçon.

Système militaire de la Prusse. — Considérations générales.

Organisation de l'armée permanente. — Infanterie. — Cavalerie. — Artillerie. — États-majors et corps hors ligne.

Des réserves. — Landwehr et landsturm. — Organisation d'ensemble et force numérique de l'armée prussienne.

Suite du système militaire prussien.

Avantages et inconvénients de ce système.

## 7ᵉ Leçon.

Organisation militaire de l'empire d'Autriche. — Institutions politiques et divisions territoriales.

Institutions militaires. — Armée permanente. — États-majors. — Troupes. — Corps hors ligne.

— XV —

Réserves autrichiennes. — Régiments-frontières.
Diverses autres parties des institutions militaires autrichiennes.
Armée de la Confédération germanique.
Coup d'œil sur l'armée piémontaise.

**8ᵉ Leçon.**

Système militaire de la Russie. — Considérations générales.
Tableau de l'armée russe. — Armée active. — Corps spéciaux. — Troupes
   irrégulières. — Réserves.
Divers autres éléments du système militaire de la Russie.
Coup d'œil sur l'organisation militaire de l'Angleterre.
Conclusion du livre Iᵉʳ.


# LIVRE II.

ÉTUDE DES DIFFÉRENTES ARMES ET ORGANISATION DES ARMÉES
ACTIVES.


**9ᵉ Leçon.**

Objet du livre II.
De l'infanterie. — Considérations générales. — De son organisation. —
   De ses propriétés tactiques.
Des formations de l'infanterie. — Formation déployée. — Ses avan-
   tages et ses inconvénients. — Ses modifications. — Ordre en éche-
   lons et ordre en échiquier.

**10ᵉ Leçon.**

Suite de l'étude de l'infanterie. — Formation en colonne. — Avan-
   tages et inconvénients. — Diverses espèces de colonnes.
Formations mixtes. — Formation en carré. — Des manœuvres.
Formations irrégulières. — De l'infanterie légère.

**11ᵉ Leçon.**

De la cavalerie. — Considérations générales. — Diverses espèces de
   cavalerie. — Du cheval et des armes que l'on doit donner à la
   cavalerie.

Organisation tactique de la cavalerie. — Ses propriétés tactiques. — Des charges.

Des formations régulières de la cavalerie. — Des manœuvres.

Des formations irrégulières. — Rôle spécial de la cavalerie légère.

## 12ᵉ Leçon.

De l'artillerie. — Considérations générales, — Ses attributions.

Organisation de l'artillerie. — Ses propriétés tactiques. — Différentes espèces de tir. — Diverses espèces de batteries. — Emploi de l'artillerie dans les principales circonstances de la guerre.

Formations et manœuvres de l'artillerie.

Des corps hors ligne. — Leur tactique.

## 13ᵉ Leçon.

Combinaison des différentes armes entre elles. — Principes suivis pour faire combattre les trois armes simultanément.

Force et composition des armées actives. — Leur organisation en brigades, divisions et corps d'armée. — Des brigades mixtes. — Des corps de réserve.

Des états-majors et des services administratifs.

## 14ᵉ Leçon.

Rassemblement des armées actives. — Dispositions prises dans les corps. — Ordre de bataille primitif. — Organisation permanente des corps d'armée et des divisions.

Diverses espèces d'approvisionnements. — Principes et calculs relatifs aux subsistances, aux effets d'habillement et aux munitions de guerre. — Moyens de faire vivre les armées en marche. — Des magasins. — Des hôpitaux.

Diverses espèces d'équipages. — Particuliers. — Réguliers. — Auxiliaires.

## 15ᵉ Leçon.

Des cantonnements. — Circonstances dans lesquelles on les prend. — Reconnaissances préliminaires et détails de l'assiette des cantonnements. — Répartition des troupes. — Travaux matériels de défense. — Organisation du service.

Des camps et des bivouacs. — Principes généraux de l'établissement des diverses armes.

# LIVRE III.

## DES PETITES OPÉRATIONS ET PARTICULIÈREMENT DES RECONNAISSANCES.


### 16ᵉ Leçon.

Objet du livre III. — Des petites opérations.

Des avant-postes. — Diverses parties d'un système d'avant-postes.

Des détachements. — Règles de leur conduite.

Des convois. — Détails de leur organisation. — Leur attaque. — Leur défense.

Des embuscades et des surprises.

Des contributions.—Règles de leur exécution.

Des fourrages.—Fourrages au vert.—Fourrages au sec.

### 17ᵉ Leçon.

Des reconnaissances.—Définition.— Classification.— Importance des reconnaissances,—Du coup d'œil militaire.—Éléments que comporte l'exécution d'une reconnaissance. — Croquis et rapport.

Des reconnaissances journalières.

Des reconnaissances offensives.

### 18ᵉ Leçon.

Des reconnaissances spéciales.—Des reconnaissances topographiques. — Reconnaissance des voies de communication. Leur classification, leur nature, leur tracé, leur entretien, leurs divers accidents, leur destruction.

Des chemins de fer. Leurs relations avec les théâtres d'opérations. — Détails de leur reconnaissance.

Des défilés, leur classification. — Préoccupations de leur reconnaissance.

### 19ᵉ Leçon.

Reconnaissance des cours d'eau. — Des eaux à la surface de la terre. —Des sources,—Des ruisseaux.—Des torrents.— Des rivières et des

fleuves.—Des canaux.—Des eaux stagnantes, marais, lacs, inonda-
tions.
Reconnaissance des positions militaires, et particulièrement de leurs
abords pour l'établissement des avant-postes.

### 20ᵉ Leçon.

Reconnaissance des lieux habités.—Châteaux, moulins, fermes, mai-
sons isolées, villages, bourgs et villes.
Reconnaissance des bois. — Manière de les occuper.— Moyens d'en
déloger l'ennemi.
Des reconnaissances statistiques.
Des espions.—Des prisonniers.—Des cartes, etc.
Conclusion de la première partie.

---

# SECONDE PARTIE,

ou

## COURS DE SECONDE ANNÉE.

---

## LIVRE Iᵉʳ.

DIFFÉRENTS THÉÂTRES SUR LESQUELS OPÈRENT LES ARMÉES ET
INFLUENCE DU TERRAIN SUR DES OPÉRATIONS MILITAIRES.

### 1ʳᵉ Leçon.

Objet de la seconde partie. — Différents théâtres sur lesquels opèrent
les armées.— Différentes parties de l'art de la guerre.
Introduction à la stratégie.—Différence entre la stratégie et la tactique.
Ensemble d'un théâtre d'opérations, sa description, ses limites,
ses divers accidents.
Des relations, des combinaisons et des manœuvres stratégiques.

## 2ᵉ Leçon.

Introduction à la grande tactique. — Définitions. — Considérations générales.
Ensemble du champ de bataille, sa description, ses limites. — Relations tactiques. — Combinaisons et manœuvres tactiques.

## 3ᵉ Leçon.

Des frontières considérées comme théâtres d'opérations. — Diverses espèces de frontières. — Éléments de force des frontières militaires. — Obstacles naturels. — Obstacles artificiels.
Ancien système d'organisation des frontières. — Système moderne pour la répartition des places fortes et pour la défense d'un État.
Des siéges considérés dans leurs rapports avec les armées actives.

## 4ᵉ Leçon.

Influence du terrain sur les opérations militaires. — Considérations générales.
Rôle et importance des principaux accidents du terrain dans les opérations stratégiques et dans les opérations tactiques. — Examen des voies de communication. — Des défilés. — Des lieux habités. — Des bois. — Des hauteurs et des montagnes.
Principes généraux de la guerre de montagnes.

## 5ᵉ Leçon.

Influence des cours d'eau sur les opérations militaires. — Considérations générales.
Des cours d'eau considérés au point de vue stratégique. — Manière de les constituer en lignes de défense et d'en occuper les divers points.
Des cours d'eau considérés au point de vue tactique. — Défense d'un point particulier d'un cours d'eau. — Passages de rivière offensifs.

## 6ᵉ Leçon.

Concentration d'une armée active au moyen des marches. — Des marches en général. — Leur classification.
Des marches de route. — Leur division en marches ordinaires, accélérées et en poste. — Détails de chacune de ces marches.
Transport des troupes par chemin de fer. — Importance de ce mode de transport. — Règles d'exécution.

# LIVRE II.

## DE LA STRATÉGIE.

### 7ᵉ Leçon.


Objet du livre II. — De la stratégie, son importance, ses difficultés. —Des principales combinaisons stratégiques.

Étude d'un théâtre d'opérations.— Des points stratégiques, leur classification, leur rôle.


### 8ᵉ Leçon.


Des lignes stratégiques, leur classification.

Des bases d'opérations.—Comment elles sont constituées.—Conditions qu'elles doivent remplir.—Principes relatifs à leur étendue et à leur direction.—Différentes espèces de bases.

Des bases d'opérations considérées dans la défensive.

Des fronts d'opérations, de leur étendue, de leur direction.


### 9ᵉ Leçon.


Des lignes d'opérations.—Comment elles sont constituées.—Conditions qu'elles doivent remplir.—Rapports de la ligne d'opérations avec la base et avec l'objectif. — Considérations relatives au choix des lignes d'opérations.—Différentes espèces de lignes d'opérations.

Des lignes de communication. — Leur rôle. — Dans quelles circonstances on les emploie.


### 10ᵉ Leçon.


Des lignes d'opérations doubles et multiples, leur caractère. —Circonstances dans lesquelles on les emploie. — Examen de leur direction et de leurs rapports, soit entre elles, soit avec les lignes de l'ennemi.

Influence de la vapeur sur la stratégie, soit dans les guerres continentales, soit dans les guerres maritimes.


### 11ᵉ Leçon.


Des plans de campagne.—Considérations générales.—Partie commune à l'offensive et à la défensive.

Plan de campagne offensif.—Ses diverses parties.

Plan de campagne défensif.—De la défense directe.—Organisation des divers moyens qu'elle comporte.— De la défense indirecte.

## 12ᵉ Leçon.

Commencement des opérations au moyen des marches stratégiques.

Des marches stratégiques de front. — Leur caractère. — Leur ouverture. — Choix des débouchés. — Composition des colonnes. — Détails d'exécution et organisation des diverses colonnes.

Des marches stratégiques de flanc, leur caractère, leur objet, leur préparation, leur exécution.

## 13ᵉ Leçon.

Des marches stratégiques rétrogrades ou des retraites. — Différentes espèces de retraites. —Diverses manières d'exécuter une retraite.

Préparation d'une retraite. — Détails de son exécution. — Rôle de l'arrière-garde. — Passage des ponts et des défilés en retraite.

Des poursuites. — Diverses espèces de poursuites.

## 14ᵉ Leçon.

Ensemble des opérations stratégiques d'une campagne offensive. — Avantages de l'initiative.— Diverses périodes de la campagne; ses résultats.

Ensemble des opérations stratégiques d'une campagne défensive. — Préparation de l'échiquier. — Première position de l'armée défensive. — Diverses périodes de la campagne.

# LIVRE III.

## DE LA GRANDE TACTIQUE.

### 15ᵉ Leçon.

Objet du livre III. — De la grande tactique.

Des positions militaires. — Considérations générales. — Classification.

Étude d'une position. — Considérations relatives à son importance. — Éléments qui constituent sa force.

Diverses parties d'une position. — Conditions qu'elles doivent remplir.

— XXII —

## 16ᵉ Leçon.

Occupation et mise en état de défense des obstacles naturels qui se
trouvent sur une position et qui forment les postes détachés, les
postes avancés et les points d'appui du front.

Travaux de défense sur une position militaire et emploi des retranchements en campagne.

Principes généraux de la répartition des troupes.

## 17ᵉ Leçon.

Des ordres de bataille, leur classification, leurs différentes formes.

Principes de la formation des ordres de bataille. — Place des différentes
armes. — Ordre de bataille primitif d'un corps d'armée. — Ordre
de bataille d'une armée.

Modifications apportées à l'ordre de bataille primitif par les formes du
terrain.

Conditions que doit remplir un ordre de bataille défensif.

## 18ᵉ Leçon.

Des ordres de bataille offensifs, leur classification.

Diverses espèces d'attaques. — Choix des points d'attaque. — Considérations qui déterminent ce choix.

Attaque d'aile. — Avantages et inconvénients.

Forme générale de l'ordre de bataille offensif préparant une attaque
d'aile.

## 19ᵉ Leçon.

Des attaques centrales, leurs avantages, leurs difficultés.

Des attaques de flanc. — Des attaques de revers.

Combinaison des attaques partielles. — Attaque sur les deux ailes. —
Attaque sur le centre et sur une aile. — Attaque d'aile et de flanc.
— Attaque d'aile et de revers.

Formation des ordres de bataille à la suite des marches stratégiques.

## 20ᵉ Leçon.

Des marches tactiques, leur caractère, leur classification.

Des marches tactiques de front. — Règles de leur ouverture. — Détails
d'exécution.

Des marches tactiques de flanc, leur préparation, leur exécution.

## 21ᵉ Leçon.


Des batailles en général, leur classification.

Des batailles offensives. — Raisons qui les amènent. — Avantages et inconvénients de l'offensive dans les engagements.

Diverses périodes d'une bataille offensive.— Première période. Préliminaires de l'engagement. — Seconde période. L'engagement. — Troisième période. Ses conséquences.


## 22ᵉ Leçon.


Des batailles défensives. — Considérations qui les amènent. — Avantages et inconvénients de la défensive.

Diverses périodes d'une bataille défensive.—Première période. Préliminaires de l'engagement. — Deuxième période. Résistance aux diverses attaques. — Troisième période. Conséquences de l'engagement.

Partie morale de l'art de la guerre. — Conclusion.

# PREMIÈRE PARTIE,

ou

## COURS DE PREMIÈRE ANNÉE.

# COURS
# D'ART ET D'HISTOIRE MILITAIRES.

## PREMIÈRE PARTIE

ou

### COURS DE PREMIÈRE ANNÉE.

### LIVRE PREMIER.

#### INSTITUTIONS MILITAIRES DES ÉTATS.

### PREMIÈRE LEÇON

ou

#### INTRODUCTION.

Plan et ensemble du Cours. — But que l'on s'y propose. — Liaison
entre l'art et l'histoire militaires.

De la guerre. — De l'art militaire. — Sa définition. — Son importance.

Coup d'œil rapide sur l'histoire de l'art militaire, depuis son origine
jusqu'à nos jours.

### I.

**Plan et ensemble du Cours.** — Je divise le *Cours d'art
militaire* en deux parties principales qui correspondent
aux deux années d'étude.

Chaque année se subdivise en trois parties secondaires ou en trois livres.

Dans la première partie, ou dans le premier livre du
cours de première année, j'étudierai les principes des
institutions militaires des États en général et l'appli-

cation de ces principes aux systèmes militaires des grandes puissances européennes.

Dans le deuxième livre, je m'occuperai de l'étude particulière des différentes armes, infanterie, cavalerie, artillerie, de leurs combinaisons et de leur organisation en armées actives.

Dans le troisième livre, j'examinerai les petites opérations de la guerre et particulièrement les reconnaissances.

Dans le premier livre du cours de deuxième année, j'étudierai les différents théâtres sur lesquels opèrent les armées et le rôle que joue le terrain à la guerre.

Dans le deuxième livre, je m'occuperai de la stratégie ou des grandes opérations militaires ;

Dans le troisième, je m'occuperai de la grande tactique ou des opérations du champ de bataille.

Dans un appendice de huit leçons, je parlerai de l'organisation et du service des états-majors.

Voilà l'ensemble du cours.

Le plan que j'ai adopté est basé sur les principes suivants :

Le cours de première année comprend tout ce qui est relatif à la création et à l'organisation des armées, en un mot, tout ce qui précède leur entrée en campagne.

Le cours de deuxième année comprend tout ce qui est relatif à l'emploi, à la mise en action de ces mêmes armées sur les théâtres d'opérations et sur les champs de bataille, en un mot, toutes les opérations d'une campagne, en suivant l'ordre où elles se présentent réellement.

Tel est le principe de la division générale du cours en deux parties principales.

La première partie prépare la seconde ; car de la bonne organisation d'une armée dépendent ses succès à la guerre.

La marche que j'indique est basée sur la réalité ; elle est calquée sur la marche habituelle des opérations ; elle est justifiée par le but que je me propose.

**But que l'on se propose.** — Ce but est d'abord : de vous préparer à l'étude de l'histoire militaire et particulièrement à celle des campagnes les plus remarquables — étude qui est la source et la base de la véritable instruction militaire.

Napoléon dit dans ses Mémoires :

« Alexandre a fait 8 campagnes, Annibal 17, dont
« une en Espagne, 15 en Italie et une en Afrique ;
« César en a fait 13, dont 8 contre les Gaulois et 5
« contre les légions de Pompée ; Gustave-Adolphe 3 ;
« Turenne 18 ; le prince Eugène de Savoie 13 ; Fré-
« déric en a fait 11, en Bohême, en Silésie et sur les
« rives de l'Elbe.

« L'histoire de ces 84 campagnes, faite avec soin,
« serait un traité complet de l'art de la guerre. Les
« principes que l'on doit suivre dans la guerre offen-
« sive ainsi que dans la guerre défensive en découle-
« raient comme de source. »

Le maréchal Gouvion-Saint-Cyr dit sur le même sujet :

« Il faut se former à l'art de la guerre par l'étude
« approfondie de l'histoire des guerres anciennes et
« modernes, mais particulièrement de ces dernières.

« Celles du règne de Louis XIV et celles de Fré-
« déric ont été assez bien décrites pour avoir servi à
« l'instruction de la génération qui s'éteint. Celles de
« la République et de l'Empire doivent servir à former
« la génération qui lui succédera. »

Ainsi donc, d'après Napoléon, d'après le maréchal Gouvion Saint-Cyr, d'après beaucoup d'autres auteurs militaires, car je pourrais multiplier les citations, il faut, pour acquérir la véritable instruction militaire, étudier avec soin un grand nombre de campagnes et de batailles, particulièrement celles des généraux habiles.

Le but que je me propose est d'abord de vous préparer à cette étude.

Il est, ensuite, de vous mettre à même de comprendre les diverses opérations auxquelles vous pourrez prendre part.

L'horizon d'un officier particulier qui fait campagne est extrêmement borné.

« Marcher quand on marche, dit à ce sujet Frédéric
« dans sa lettre au général Fouquet ; s'arrêter quand on
« s'arrête ; se camper quand on campe ; manger quand
« on mange ; se battre quand on se bat : voilà ce qu'est
« la guerre pour la plupart des officiers qui la font. »

Mais il ne faut pas que ce soit là la guerre pour les officiers d'état-major. Ils doivent travailler, réfléchir et posséder des notions d'art militaire suffisantes pour comprendre le sens, la marche, la valeur des opérations auxquelles ils prennent part.

Enfin le cours d'art militaire a encore pour but de vous préparer aux différents services que vous aurez à remplir plus tard comme officiers d'état-major.

Tels sont donc les divers objets que je me propose :
Préparer les élèves de l'école,
1° A l'étude de l'histoire militaire ;
2° A l'intelligence des opérations de la guerre ;
3° Et aux divers services d'état-major.

Le plan que j'ai adopté est en rapport avec ce but.

**Liaison entre l'art et l'histoire militaires**. — Le cours dont nous nous occupons est intitulé : *Cours d'art et d'histoire militaires*. Il convient donc d'indiquer la liaison qui existe entre l'art et l'histoire militaires.

On peut comprendre l'origine de l'art de la guerre de la manière suivante :

Cet art ne fut probablement d'abord que le récit des événements.

Ce récit devint bientôt de la critique par l'examen des moyens employés. Puis, de cette critique, on déduisit un ensemble de principes, de règles, de théories et de méthodes qui forme aujourd'hui l'art militaire proprement dit.

Comme dans toutes les sciences expérimentales, l'observation des faits précéda donc la théorie, et c'est de l'histoire du passé que l'on tira l'enseignement de l'avenir.

Il y a, par suite, une liaison intime entre l'art et l'histoire militaires; ces deux parties de la science se soutiennent, s'appuient, se complètent mutuellement.

Elles doivent marcher ensemble.

Un cours complet d'art et d'histoire militaires devrait présenter d'abord une histoire abrégée des campagnes anciennes et modernes, et en déduire ensuite, comme conséquence, les principes de la guerre.

On trouverait les éléments de cette histoire dans les diverses relations déjà faites, dans les bulletins des généraux, dans leurs rapports, leur correspondance, leurs ordres, leurs instructions, particulièrement dans leurs mémoires.

Presque tous les grands généraux ont laissé des mémoires depuis Xénophon et César jusqu'à Turenne, au prince Eugène, à Frédéric, au prince Charles, au maréchal Suchet, au maréchal Saint-Cyr, enfin à Napoléon.

Mais ce travail, cette histoire des campagnes anciennes et modernes, est une œuvre de longue haleine qui demande un temps considérable; ne pouvant l'entreprendre ici, j'y suppléerai par des exemples historiques auxquels je donnerai une large part, et qui représenteront l'histoire dans le cours de ces leçons.

Les exemples sont utiles, parce qu'ils constituent des preuves à l'appui des principes, parce qu'ils éclairent les théories, parce qu'ils servent à développer et à expliquer les idées.

Je puiserai généralement mes exemples dans l'histoire moderne, à cause de la similitude des armes et de l'analogie des institutions militaires. Néanmoins, j'en trouverai quelques-uns dans l'histoire militaire de l'antiquité.

« Des observateurs superficiels, dit à ce sujet le gé-
« néral Rogniat, témoins de nos combats modernes,
« concluent sans examen que notre système de guerre
« ne peut avoir rien de commun avec celui des an-
« ciens. Mais des observateurs plus exacts remarque-
« ront que si la différence des armes en apporte dans
« la manière de ranger les troupes et de les faire com-
« battre, elle ne peut pas en introduire dans celle de
« les lever, de les discipliner, de les nourrir, de les
« ordonner pour la marche, de les endurcir aux tra-
« vaux militaires, enfin de les animer au combat. »

Quoi qu'il en soit, l'art et l'histoire militaires sont intimement liés.

Et appuyer les principes par des exemples historiques formera la base de la méthode de mes leçons.

## II.

Je vous ai indiqué le plan d'ensemble du cours.

J'ai développé les raisons qui me l'ont fait adopter.

J'ai précisé le but que je me propose.

Enfin, après avoir parlé de la liaison qui existe entre l'art et l'histoire militaires, je vous ai dit quelle part je réserve à l'histoire dans mes leçons.

Maintenant je dois vous dire ce que c'est que la guerre, comment je définis l'art d'en diriger les opérations et quelle est l'importance de cet art.

Nous jetterons ensuite un coup d'œil rapide sur ses développements successifs et sur sa marche à travers les siècles.

**De la guerre.** — Le droit des gens, interprété par la diplomatie, règle les rapports entre les nations, de même que le droit civil règle les rapports entre les individus.

Mais quelquefois l'un et l'autre sont impuissants pour arranger certains différends : alors les particuliers se battent en duel et les nations se font la guerre.

« La vie des États, dit Montesquieu (*Esprit des Lois*, « liv. x, chap. 2), est comme celle des hommes. Ceux-« ci ont le droit de tuer dans le cas de défense natu-« relle ; ceux-là ont le droit de faire la guerre pour « leur propre conservation. »

On a défini la guerre, un duel sur une grande échelle.

Le duel est, en effet, une lutte entre deux individus.

La guerre est une lutte entre deux nations.

La guerre est le résultat des passions et des intérêts des hommes.

Quand on consulte l'histoire, on la trouve à presque toutes les pages, à presque toutes les époques, et pendant de longues périodes.

On la voit éclater dans les moments où on l'attend le moins.

En France, des siècles tout entiers ont été ensanglantés par les discordes civiles, par les guerres religieuses ou par les guerres étrangères.

Il n'est pas probable que les siècles futurs soient, plus que ceux qui les ont précédés, complétement à l'abri de la guerre.

La philosophie réprouve la guerre; mais elle ne saurait en détruire l'usage, parce qu'elle ne saurait détruire les passions et les intérêts qui l'amènent, c'est-à-dire l'ambition, l'amour de la gloire, la jalousie, l'instinct de la conservation, le désir de la vengeance, l'amour-propre, et enfin les intérêts du commerce et de l'industrie.

Ce sont là les causes qui produisent :

1° Les guerres d'invasion amenées par l'esprit de conquête, comme celle d'Alexandre en Asie, de Louis XIV en Hollande ;

2° Les guerres nationales qui ont pour objet de repousser les conquérants ;

3° Les guerres civiles, comme la Fronde ;

4° Les guerres religieuses, comme la Ligue ;

5° Les guerres de convenance, qui ont pour objet de satisfaire à de grands intérêts publics ; et je citerai pour exemple l'Angleterre, rompant la paix d'Amiens pour satisfaire aux intérêts de son commerce ;

6° Les guerres d'intervention, comme celle d'Espagne en 1823; le siége de Rome en 1849 ; la guerre d'Orient en 1854 ; la guerre d'Italie en 1859.

Ces guerres sont les plus fréquentes, et généralement les plus justes, quand l'intervention est contenue dans des limites raisonnables.

L'énumération de ces différentes formes sous lesquelles se présente la guerre vous montre la multiplicité des causes qui peuvent la produire.

Pour nous, nous considérerons la guerre relativement à la manière de la faire, et nous distinguerons seulement deux espèces de guerre :

1° La guerre offensive ;

2° La guerre défensive.

Suivant que l'on attaque ou bien que l'on se défend.

Il faut cependant encore envisager la guerre sous deux autres aspects, sous deux points de vue différents.

D'une part, elle ravage les campagnes, elle détruit les richesses d'une nation, elle tarit les sources de sa prospérité, elle fait couler des torrents de sang ; c'est évidemment un fléau pour l'humanité.

Mais, en même temps, elle donne la gloire et la puissance ; elle exalte, elle entretient le courage d'un peuple et ses sentiments généreux.

« Chacun, dit Machiavel, désire l'alliance d'une « nation qui s'est fait une réputation par la guerre. « Chacun cherche à éviter les coups qu'elle peut por- « ter. »

Au point de vue de l'avenir, la guerre est un moyen de civilisation ; elle mêle les nations ; les mœurs sauvages des barbares se sont adoucies au contact des habitudes romaines ; nous portons aujourd'hui en Afrique, en même temps que nos armes, tous les bienfaits d'une civilisation avancée.

La conquête, dit Montesquieu, peut quelquefois apporter des avantages au peuple vaincu, en renouvelant ses institutions, en retrempant son courage, en réformant ses mœurs, en le régénérant.

La guerre est donc un fléau; mais on peut cependant en tirer quelques avantages.

Dans tous les cas, c'est un fléau inévitable, et il faut savoir parfois aller au-devant de lui.

**De l'art militaire.** — Quelle que soit la manière dont on considère la guerre; qu'on la désire ou qu'on la redoute; que l'on veuille, comme Rome, conquérir le monde; que l'on veuille, comme Sparte, défendre son indépendance, et repousser loin de son territoire les malheurs d'une invasion, l'art d'en diriger les opérations n'en est pas moins important.

Tous les peuples l'on senti, tous ont compris que l'art militaire tenait aux plus grands intérêts de la société et les dominait tous; que l'agriculture, le commerce, l'industrie, les beaux arts, ne pouvaient fleurir que sous sa protection, et que sur lui reposait leur existence ainsi que celle de leurs gouvernements.

Tous se sont occupés successivement de l'art de la guerre.

Cet art est ancien comme le monde.

Escrime chez les barbares, il est devenu une science chez les peuples civilisés.

Je définis aujourd'hui l'art militaire, *l'exposé des principes suivis pour créer, organiser et faire agir les armées modernes.*

Ces principes, comme je le disais précédemment, sont tirés de l'histoire. Ils sont calqués sur la conduite des grands généraux et particulièrement sur celle des cinq plus grands capitaines de notre temps : Gustave-Adolphe, Turenne, le prince Eugène, Frédéric et Napoléon.

L'art de la guerre moderne est leur ouvrage.

Je ne fais que l'exposer.

Cet art, d'après sa définition même, donne les moyens d'organiser une masse d'hommes, de les discipliner, de réunir leurs efforts, de les diriger vers un même but. Il transforme une multitude confuse en une troupe instruite et obéissante. Enfin, il permet de faire mouvoir sur un champ de bataille une armée entière à la volonté d'un seul homme, d'après une seule pensée, celle de son général en chef. « Pensée, « dit M. Thiers, qui, lorsqu'il s'agit de Frédéric « ou de Napoléon, se développe au milieu des éclats « de la foudre et du bruit des batailles avec autant de « netteté que celle d'un Newton ou d'un Descartes, « dans le silence du cabinet. »

Les principes de l'art de la guerre ne sauraient être méconnus. Il est impossible de nier leur existence ; ils sont aussi évidents que les principes de l'école de peloton.

Quand il s'agit d'organiser et de faire mouvoir 100 hommes, il faut établir certaines subdivisions, leur donner des cadres, convenir de certains commandements ; il faut admettre une instruction préalable des chefs et des soldats. Il faut, en un mot, des principes, des règles, une théorie.

Ce qui est vrai pour un peloton l'est bien plus encore pour une armée.

« Rien ne s'obtient à la guerre que par le calcul,

« écrit l'Empereur à son frère Joseph, le 6 juin 1806.
« Tout, dans une campagne, doit être profondément
« médité.

« Toute opération demande à être faite d'après un
« système.

« Le hasard seul ne peut rien faire réussir. »

Et à Dresde, au mois de septembre 1813, l'Empereur causant avec le maréchal Gouvion-Saint-Cyr, lui disait qu'il voulait faire un livre sur l'art de la guerre où tous les principes seraient si clairs et si précis, que tout le monde pourrait les comprendre et apprendre la guerre comme une science quelconque.

Ainsi donc, cette science existe.

Elle est la plus importante de toutes puisque c'est sur elle que repose l'existence des Etats.

Elle a pour classiques les mémoires des grands généraux : ceux de Turenne, de Frédéric, de Napoléon.

Et ces ouvrages sont aussi clairs, aussi complets, aussi célèbres que tous ceux qui servent aujourd'hui de bases aux autres sciences expérimentales.

La guerre n'est pas, comme on l'a prétendu, un jeu de la force et du hasard.

« C'est un jeu, dit encore Napoléon, mais un jeu
« sérieux où l'on compromet à la fois sa réputation,
« ses troupes et son pays. »

C'est bien le triomphe de la force, mais de la force habilement préparée et organisée, guidée par l'intelligence et le génie, agissant d'après les principes de l'art, enfin de la force servie par les plus hautes vertus sociales, le courage, l'abnégation, le dévouement.

Quant au hasard il a sa part dans les circonstances de la guerre ; mais l'art consiste à la lui faire aussi petite que possible ; et les principes ont précisément pour objet de maîtriser la fortune à force de prudence, de sagesse et de calcul.

Je le répète : il y a des principes pour créer et pour faire mouvoir les armées.

J'ajouterai que l'expérience et la pratique de la guerre, quoique très-utiles, ne sauraient les remplacer ni suppléer à la théorie. Celle-ci est indispensable, parce que la guerre présente tant de conditions diverses que la pratique ne peut suffire à apprendre tout ce qui en dépend ; parce que la vie de l'homme est trop courte pour qu'il puisse espérer tout expérimenter par lui-même ; enfin parce que pendant les longues périodes de paix, l'art et les principes périraient et chaque génération devrait recommencer le travail des générations précédentes.

Certains auteurs allemands ont défini l'art de la guerre : l'escrime de l'armée.

Il y a en effet une certaine analogie entre l'art militaire et l'escrime.

L'un et l'autre offrent un certain nombre de combinaisons qui se rapportent aux circonstances les plus fréquentes des luttes individuelles ou des luttes d'armées.

Mais il faut savoir adapter ces combinaisons aux lieux, aux hommes et aux choses, et savoir encore les exécuter avec précision, énergie et à propos.

A la guerre, comme dans l'escrime, l'exécution joue un grand rôle.

De plus, il faut se rappeler qu'à la guerre, l'instrument dont on se sert, l'armée, n'est plus un élément inerte, mais un élément vivant, variable, susceptible d'enthousiasme ou de découragement.

Ce qui vous fait pressentir qu'indépendamment de

la partie positive de l'art de la guerre, il y a encore une partie morale qui est fort importante, qui joue un grand rôle, et dont je vous dirai quelques mots à la fin du cours.

Telles sont les considérations générales relatives à l'existence et à l'importance de l'art militaire.

Jetons maintenant un coup d'œil sur l'origine de cet art et sur sa marche à travers les siècles. Nous arriverons ainsi naturellement au seuil de l'art militaire moderne, qui sera notre point de départ.

III.

**Coup d'œil rapide sur l'histoire de l'art militaire.** — L'histoire militaire se divise en deux grandes époques :

La première comprend les trente siècles écoulés avant l'invention des armes à feu et se décompose en trois périodes secondaires :

La période grecque ;

La période romaine ;

Le moyen âge.

La deuxième époque commence à l'invention des armes à feu et arrive jusqu'à nos jours. Elle comprend environ trois siècles et se décompose aussi en trois périodes secondaires :

1° la période de renaissance et de transition, lorsque les armes à feu commencent à paraître sur les champs de bataille, mais sous la forme de canons et de bombardes ;

2° La période de Henri IV et de Gustave-Adolphe, au moment de la guerre de Trente ans et jusque vers la fin du XVIIᵉ siècle, lorsque les armes à feu sont devenues portatives et se trouvent mélangées avec les anciennes armes ;

3° Enfin la période moderne, depuis la disparition des piques et l'invention de la baïonnette; période comprenant les dernières guerres de Louis XIV, celles de Frédéric, de la République, de l'Empire et celles qui ont lieu de nos jours.

Parcourons rapidement ces deux époques et ces six périodes.

### PREMIÈRE ÉPOQUE.

L'histoire de l'art militaire commence avec l'histoire des hommes. Chez les barbares et dans les sociétés primitives, l'art ne consiste que dans l'escrime de quelques armes grossières et dans la connaissance de quelques stratagèmes analogues à ceux que pratiquent encore les Indiens.

Bientôt l'art se perfectionne avec la civilisation, et nous le rencontrons chez les Mèdes, chez les Assyriens, premiers peuples dont l'histoire nous ait conservé le souvenir.

Nous le trouvons aussi aux premières pages de l'histoire grecque. Eschyle et Homère décrivent, l'un la guerre de Thèbes, l'autre la guerre de Troie, les deux premières guerres connues.

Les institutions militaires de la Grèce se complètent peu à peu, et nous trouvons alors dans l'histoire des renseignements détaillés sur le recrutement, l'organisation et la tactique des armées de cette époque.

Je vais en indiquer les principaux traits.

Le *recrutement* différait suivant l'état politique des divers peuples de la Grèce. Cependant tous les citoyens étaient généralement soldats, et le sort ou le choix désignait ceux qui devaient marcher.

Sous le rapport de l'*organisation* , les Grecs comptaient trois espèces de fantassins :

Les *oplites*, couverts d'un casque, d'une cuirasse, d'un bouclier et armés de piques de 24 pieds ;

Les *peltastes*, différents des premiers, en ce qu'ils avaient des boucliers plus petits et des piques moins longues ;

Les *psilites*, ou fantassins légers, qui n'avaient pas d'armes défensives et qui combattaient avec l'arc et la fronde.

Il y avait aussi deux espèces de cavaliers, les cataphractes et les cavaliers légers.

L'armée complète des Grecs, dont on ne voit guère qu'un exemple, celle d'Alexandre, était formée de 16,000 oplites, de 8,000 peltastes, de 4,000 psilites et d'environ 1/6 de cavaliers, présentant un total de 32,000 hommes.

Les 16,000 oplites étaient formés en bataille sur seize rangs de profondeur et 1000 hommes de front. Chaque file était commandée par un chef de file qui combattait au premier rang. Le commandement des autres officiers s'étendait sur un plus ou moins grand nombre de files suivant leur grade. Ce corps s'appelait la phalange. Les flancs étaient couverts par les 8,000 peltastes répartis également sur les deux ailes et rangés sur huit de profondeur. Dans le combat, les oplites se serraient et les huit premiers rangs croisaient leurs longues piques, tandis que les huit derniers les tenaient hautes. Ces derniers rangs soutenaient les premiers et remplaçaient les blessés.

Tels sont les principaux traits des institutions militaires de la Grèce et de la première période de l'histoire de l'art militaire, *Hérodote*, *Thucydide* et *Xéno-phon* en sont les principaux historiens.

Aux Grecs succédèrent les Romains.

Sous le rapport du *recrutement*, ils levaient leurs troupes au moyen d'une méthode qu'ils nommaient *élection*, parce que les magistrats choisissaient les ci-toyens qui leur paraissaient les plus propres au service militaire. Ils les répartissaient dans les quatre légions qui devaient former l'armée consulaire.

Le service militaire était obligatoire pour les Romains de 17 à 50 ans.

Sous le rapport de l'*organisation*, la légion se composait de 4,500 hommes environ comprenant quatre classes de soldats.

1° 1200 vélites, ou fantassins légers, armés de flèches et de frondes.

2° 1200 hastaires formant dix manipules de pre-mière ligne ; le manipule était un petit rectangle de douze hommes de front, sur dix de profondeur.

3° 1200 princes formant dix manipules de deuxième ligne.

4° Enfin 600 triaires formant dix manipules de troisième ligne, ces manipules n'ayant que six hommes de front.

La cavalerie de la légion était formée de 300 cheva-liers.

Le manipule était commandé par un premier et un deuxième centurion.

La légion était commandée par un tribun ;

L'armée par un consul.

Une armée consulaire comprenait deux légions romaines et deux légions alliées.

La force de cette armée était d'environ 20,000 hommes. Quand les circonstances l'exigeaient, on doublait les armées consulaires. Et comme il pouvait y avoir deux doubles armées consulaires, les Romains pouvaient présenter 80,000 hommes à l'ennemi. C'est ainsi qu'ils étaient organisés à Cannes.

Dans l'ordre de bataille, les deux légions romaines étaient au centre ; les deux légions alliées aux ailes. La cavalerie couvrait les flancs.

Une légion en bataille présentait un front d'environ 240 mètres et une profondeur de 60.

Les armes défensives du légionnaire étaient le grand bouclier demi-bombé et en forme de tuile, le casque, la cuirasse et l'ocréa.

Les armes offensives étaient l'épée espagnole à lame courte, droite, tranchante des deux côtés, et le *pilum*, servant à la fois de javelot et de pique.

Voici quelle était la tactique romaine.

J'ai dit que l'ordre de bataille présentait trois lignes de manipules.

Dans chaque ligne, les manipules étaient séparés par des intervalles égaux à leur front, et leur ensemble présentait une disposition en échiquier.

En avant des lignes se trouvaient les vélites.

Ceux-ci couraient en avant en tirailleurs, harcelaient l'ennemi à coups de traits et entamaient le combat. Puis, quand les lignes opposées s'approchaient et en venaient aux mains, ils se retiraient en arrière.

Les hastaires couraient ensuite sur la ligne ennemie, lançaient leurs javelots à douze ou quinze pas, mettaient aussitôt l'épée à la main et engageaient le combat corps à corps. Les derniers rangs soutenaient les premiers et remplaçaient successivement les hommes blessés, tués ou fatigués.

Les princes combattaient de la même manière et succédaient aux hastaires quand ceux-ci étaient épuisés.

Les triaires se tenaient en réserve, un genou en terre et couverts de leurs boucliers.

S'ils voyaient que les princes lâchaient pied, ils se relevaient aussitôt, ralliaient les princes et les hastaires, les recevaient dans leurs rangs, formaient une espèce de phalange serrée et marchaient en avant. L'ennemi, épuisé par deux combats successifs, tenait rarement contre cette troisième attaque.

Ce genre de combat était évidemment basé sur les mêmes principes que nos batailles modernes, où l'on présente à l'ennemi deux lignes et une réserve.

Quant au système de guerre des Romains, il consistait à camper près de l'ennemi, sans rechercher les positions, parce que leurs camps fortifiés leur en tenaient lieu.

Lorsqu'il s'agissait de combattre, l'armée sortait de son camp, situé à peine à 1 kilom. de l'ennemi.

Le général romain haranguait ses troupes pour les animer au combat, et l'action s'engageait comme je l'ai dit plus haut.

Dans les marches, les armées consulaires marchaient ordinairement sur dix hommes de front et assez serrées pour n'occuper que 15 ou 1,600 mètres de profondeur.

La journée moyenne de marche était de sept lieues. On partait à trois heures du matin, on arrivait à dix. Il restait alors le temps d'établir et de fortifier le camp.

Tel était le système militaire des Romains depuis Camille jusqu'à Marius, c'est-à-dire pendant les beaux temps de la République.

Marius réunit les trois manipules correspondants de princes, de hastaires et de triaires, et il forma ainsi la cohorte ; la légion comprit alors cinq cohortes de première ligne et cinq de deuxième.

Sous Tibère, d'après Tacite, l'Empire disposait des forces suivantes :

Il y avait trois flottes, une à Misène, une à Ravenne, une à Fréjus ;

Et vingt-cinq légions romaines réparties sur les frontières, savoir :

8 sur le Rhin pour la Gaule et la Germanie ; 3 en Espagne, 2 en Afrique, 2 en Égypte, 4 en Grèce et en Asie Mineure, 2 dans la Pannonie, 2 en Mésie et 2 en Dalmatie.

Il faut joindre à ces légions les alliés, dont le nombre était à peu près égal à celui des Romains.

Il faut y joindre encore 9 cohortes prétoriennes et 3 cohortes urbaines de 1000 à 1500 hommes chacune, qui résidaient à Rome.

Tel est le tableau abrégé des institutions militaires du peuple romain; tableau dont on trouve les principaux traits dans Polybe, César, Tacite et Végèce.

Nous entrons maintenant dans la troisième période, celle du moyen âge, période d'anarchie, de ténèbres et de décadence, du V° siècle au XIV°.

L'art militaire est tombé avec l'empire romain. Les Barbares, et parmi eux les Francs, ne doivent leurs

succès qu'à leur courage, à leur impétuosité et surtout à la lâcheté des Romains de la décadence.

Les conquêtes des Barbares amènent le système
féodal, où les armées, composées principalement de
cavaliers bardés de fer, se distinguent surtout par la
prouesse, la force corporelle et les actions individuelles.

Cependant l'on trouve aussi dans les armées de cette
époque des éléments d'organisation, tant il est vrai
que l'art militaire est indispensable, et qu'il est impossible de remuer des masses d'hommes sans principes, sans théorie, en un mot sans une science de la
guerre.

Une armée du moyen âge est ordinairement divisée
en plusieurs *batailles*, trois, quatre ou cinq, représen-
tant les différentes lignes de nos armées modernes, ou
bien les diverses parties de nos ordres de bataille,
ailes, centre ou réserve.

Chaque bataille est composée d'un certain nombre
de bannières, quinze, vingt ou trente, comprenant un
certain nombre de lances et correspondant à nos escadrons.

L'infanterie est organisée en bandes, routes ou enseignes. Elle ne joue qu'un rôle secondaire.

Charlemagne, peut-être, eut au commencement de
cette période des armées mieux organisées, mais
l'histoire ne nous a rien laissé à ce sujet.

Sous la troisième race, apparaissent les milices des
communes que les rois de France établissent pour con-
tre-balancer l'influence des grands vassaux.

Philippe-Auguste, dans le même but, prend à sa
solde des mercenaires ou soudoyers; mais comme ils
ne sont pas permanents, la paix les transforme en

hordes de pillards, de routiers, d'écorcheurs. Et le plus grand service rendu par du Guesclin à la France, est de conduire ces bandes en Espagne et de nous en débarrasser momentanément.

Voilà les principaux traits que présente l'histoire de l'art militaire pendant cette période.

*Joinville* et *Froissard* en sont les principaux historiens.

Les événements de guerre les plus remarquables sont : les guerres de Charlemagne, les invasions des Normands, les croisades et les guerres des Anglais. Malgré leur importance historique, ces événements offrent peu d'intérêt sous le rapport de l'art.

### DEUXIÈME ÉPOQUE.

La deuxième époque de l'histoire de l'art militaire commence vers le milieu du XIV$^e$ siècle, au moment de l'invention ou plutôt de l'emploi de la poudre.

Cette deuxième époque se divise en trois périodes :

La première période est une période de renaissance pour l'art militaire et pour tous les arts à la fois. C'est le moment non-seulement de l'invention de la poudre, mais encore de l'invention de la boussole et de l'imprimerie.

Nous voyons alors au système féodal succéder des organisations plus régulières et plus savantes. On étudie et on imite les anciens.

Charles VII organise vers 1445 les francs archers et les compagnies d'ordonnance, établissant ainsi la première armée permanente.

Plus tard, Charles VIII entre dans Rome, avec une armée bien organisée, pourvue d'une nombreuse artillerie et qui fait l'admiration et la terreur de l'Italie.

L'artillerie de Charles VIII se composait de :

36 canons de bronze ;

De longues couleuvrines ;

D'une centaine de fauconneaux ;

Chaque pièce attelée de six chevaux.

L'infanterie prend de jour en jour une plus grande importance, et les piquiers suisses, les lansquenets allemands forment avec la gendarmerie et quelques arquebusiers la principale force des armées de cette époque.

L'arquebuse est encore une arme lourde, difficile à manier et peu répandue. Vers la fin de la période, on compte au plus 100 arquebuses pour 1000 lances ou hallebardes.

En revanche, on voit sur les champs de bataille des XV⁰ et XVI⁰ siècles une grande quantité de canons, de bombardes et de couleuvrines.

Cette artillerie joue un grand rôle dans les guerres de la fin du règne de Charles VII. — C'est avec les canons de Jean Bureau, son grand maître de l'artillerie, que ce roi reprend les villes dont les Anglais s'étaient emparés. — Elle joue encore un grand rôle dans les guerres de Charles le Téméraire et enfin dans les expéditions de nos rois en Italie. — Quoique lourde et peu mobile, l'artillerie fait alors éprouver de grandes pertes à l'infanterie encore armée de piques et présentant une grande profondeur. Elle est très-redoutable à la gendarmerie bardée de fer et couverte de pesantes armures.

Telle est la première période de la deuxième époque. L'écrivain militaire le plus remarquable en est *Machiavel*, qui vivait du temps de Louis XII. — C'est aussi l'époque de *Commines*, qui vivait un peu auparavant, sous Louis XI.

La deuxième période commence vers le milieu du XVIᵉ siècle, au moment où les armes à feu se sont perfectionnées et sont devenues armes portatives. Mais comme ces premières armes à feu ne sont encore que des armes de jet, il faut conserver une partie des armes de main, et l'on trouve dans les armées le mélange des piquiers et des mousquetaires.

L'infanterie dans cette période voit diminuer la profondeur de ses bataillons. Elle se place sur six rangs au lieu de dix. Henri II crée les régiments, Gustave-Adolphe les brigades que Turenne introduit en France.

L'arquebuse de la période précédente est remplacée par le mousquet, la bandoulière par la giberne.

La cavalerie abandonne un moment les armes blanches pour les armes à feu. Mais elle revient bientôt aux véritables principes de l'arme, en chargeant l'épée à la main.

Les principaux généraux de cette époque sont : Maurice de Nassau, le duc de Rohan, Henri IV, tous trois élèves de Coligny, puis Gustave-Adolphe, Montecuculli et Turenne.

Les événements militaires sont les guerres de religion et la guerre de Trente-Ans.

Les principaux écrivains militaires sont : le duc de Rohan, Montluc, Brantôme, Lanoue, Sully, Montecuculli et Turenne.


Enfin, la troisième période de l'histoire de l'art militaire, la période moderne, commence avec le XVIIIᵉ siècle, au moment de l'invention des baïonnettes et de l'abandon des piques.

Cette période comprend, pour la France, la fin du règne de Louis XIV, les règnes de Louis XV et de

Louis XVI, la République, l'Empire et les temps actuels.

Les événements militaires principaux sont : les campagnes de la fin du règne de Louis XIV ; celles de Maurice de Saxe ; celles de Frédéric ; celles de la Révolution et de l'Empire ; enfin, nos campagnes modernes.

Les deux grands noms qui dominent cette période sont ceux de Frédéric et de Napoléon.

Ensuite viennent ceux de Villars, de Créqui, du prince Eugène, du maréchal de Saxe, de quelques-uns des généraux de Frédéric, de Souvaroff, de l'archiduc Charles, de nos principaux généraux républicains, Hoche, Jourdan, Pichegru, Kléber, Lecourbe, Moreau, ceux de nos maréchaux de l'Empire, Masséna, Ney, Soult, Davoust, Lannes, ceux de Barklay, de Blücher, de Wellington, et enfin ceux des généraux de notre temps.

Vous avez étudié à Saint-Cyr les institutions militaires du commencement de cette période. Je vous la rappelle pour lier ensemble la suite des faits, pour compléter mon tableau abrégé de l'histoire militaire, enfin, pour rattacher le cours de l'école d'état-major à celui de l'école de Saint-Cyr.

Nous venons de suivre l'art de la guerre depuis son origine jusqu'à nos jours ; nous voici maintenant arrivés à l'époque actuelle. C'est là que nous prenons l'art militaire pour en étudier les diverses parties, en suivant le programme que j'ai indiqué, c'est-à-dire en commençant par l'organisation des armées qui fait l'objet du cours de première année, et en terminant par leur mise en action, qui fait l'objet du cours de deuxième année.

# DEUXIÈME LEÇON.

Systèmes militaires des États. — Leurs diverses formes. — Différents
   éléments qu'ils comportent.

Des armées permanentes. — Leur nécessité. — Leur chiffre. — Maximum et minimum.

Principes d'organisation des armées permanentes. — Des cadres. —
   De la hiérarchie. — Des corps hors ligne.

---

## I.

**Des systèmes militaires des États.** — Toutes les sociétés
reposent sur un ensemble de lois et de principes qui
forment leurs *institutions*.

C'est ce que l'on appelle, en général, les *institutions
sociales* ou l'*ordre social*.

Et, d'après Montesquieu, les législateurs, ceux qui
veulent créer un ordre social, comme Solon, Lycur-
gue, Numa dans l'antiquité ; — comme Pierre le Grand,
Washington, Sieyes à l'époque moderne ; les législateurs, dis-je, doivent s'efforcer de mettre leurs institutions en rapport avec le caractère particulier de
chaque peuple, avec les influences du climat qu'il ha-
bite, avec ses traditions, sa religion, etc.....

Les institutions sociales se divisent en :

1° Institutions politiques, qui sont les lois, coutumes
et usages constituant les diverses sortes de gouvernement ;

2° Institutions civiles, ensemble de lois, ordonnances et coutumes, qui déterminent les rapports admi-

nistratifs et judiciaires des citoyens, soit entre eux, soit avec leur gouvernement.

3° Institutions religieuses, comprenant l'ensemble des lois et règlements qui président à l'organisation des différents cultes ;

4° Enfin nous trouvons les *institutions militaires*, ensemble de principes, de lois et de règlements employés pour organiser et faire agir les éléments de la force publique, c'est-à-dire pour organiser et faire agir tous les moyens que possède un peuple de constituer et de soutenir la guerre.

J'ai dit qu'il y avait deux points de vue sous lesquels on pouvait considérer la guerre.

On peut la désirer,

On peut la redouter.

Dans tous les cas, il faut toujours être prêt à la soutenir.

C'est d'après ce principe que tous les peuples ont eu et ont encore ce que je viens d'appeler des *institutions militaires*.

Ce que l'on appelle aussi en d'autres termes ayant à peu près la même signification :

Un système,
Une organisation,
Un établissement,
Ou encore un édifice

} militaire.

C'est avec son système militaire qu'un peuple crée et entretient pendant la paix l'ensemble des moyens personnels et matériels qui sont nécessaires pour constituer et soutenir la guerre.

Les institutions militaires sont perfectibles et progressives comme les autres institutions sociales.

Suivant Montesquieu, toutes les institutions d'un peuple sont l'œuvre du temps, et l'on ne saurait laisser une voie trop large aux améliorations.

Cependant il faut un progrès lent et raisonné et par suite une certaine stabilité. L'homme, dit M. de Saint-Germain, ne s'accoutume point à des changements continuels. Ils lui inspirent de la défiance.

**Diverses formes des systèmes militaires.** — Les institutions militaires ont varié avec les peuples et avec les époques.

Dans la leçon précédente, nous avons vu comment les Grecs recrutaient, organisaient leurs armées, comment ils les exerçaient, comment ils les faisaient combattre ; en un mot, nous avons vu les traits principaux de leurs institutions militaires.

Nous avons vu ensuite celles des Romains. A Rome, l'élite des citoyens était choisie par les magistrats pour former ces fameuses légions dont l'organisation et la tactique étaient si bien appropriées à l'emploi des armes de l'époque.

Les institutions militaires des Grecs et des Romains étaient bien étudiées, bien calculées et parfaitement en rapport avec les institutions politiques des deux peuples. On y trouvait des principes d'organisation, des méthodes de recrutement, des moyens de discipline, un mode de récompenses, un système d'instruction, un système d'administration, enfin les principaux éléments que nous allons retrouver dans les systèmes militaires modernes.

Puis, comme nous l'avons vu, la décadence de Rome amène la décadence de l'art militaire.

Les Barbares n'avaient ni organisation ni discipline. Chez eux, la nation ou plutôt la tribu tout entière se portait au combat. Les femmes, les vieillards, les enfants prenaient part à la guerre et organisaient la défense de leurs camps de chariots. C'est le système des tribus primitives, avec les éléments les plus grossiers et les plus rudimentaires.

Au temps de la féodalité, le baron appelait sous sa bannière ses hommes d'armes et ses vassaux. Il les conduisait au rendez-vous de son suzerain. Chacun prenait des vivres pour quinze jours, et c'est ainsi que se rassemblaient les armées. Pour le combat, les chevaliers formaient leurs lourdes *batailles*, où la prouesse tenait lieu de tactique, tandis que l'infanterie méprisée se tenait prête à piller ou à fuir.

Voilà encore les principaux traits du système féodal.

Enfin Charles VII crée la première armée permanente, et ce fait est le premier qui se rattache au système militaire moderne.

Louis XI, François Ier, Henri IV perfectionnent successivement l'organisation militaire de la France, et au commencement du XVIIIe siècle, sous Louis XIV, nous trouvons un ensemble à peu près complet d'institutions militaires.

Nous trouvons :

Une armée permanente organisée d'après des principes rationnels ;

Un système de réserves nationales, si l'on peut appeler de ce nom l'arrière-ban de la noblesse ;

Un recrutement assuré par le système des milices ;

Des moyens de discipline ;

Un mode de récompenses et d'avancement ;

Des méthodes d'instruction ;

Des règles d'administration ;

Enfin des établissements militaires considérables.

Le système militaire de Louis XIV, imité par les puissances étrangères, se perfectionne pendant les guerres de la Révolution et de l'Empire. Il devient ce que l'on appelle aujourd'hui *le système militaire moderne*.

Ce système est le même à peu près chez toutes les grandes nations de l'Europe. Il repose sur les mêmes principes. Il présente les mêmes éléments. On y trouve seulement les modifications que demandent les mœurs, le caractère et les institutions politiques des différents peuples.

Nous allons étudier d'abord les principes généraux du système militaire moderne. Nous verrons ensuite leur application chez les grandes puissances militaires de l'Europe.

**Différents éléments d'un système militaire.** — L'étude des institutions militaires modernes peut se diviser en sept parties et présente sept éléments principaux:

1° On trouve d'abord chez tous les peuples de l'Europe une masse d'hommes armés, formant ce que l'on appelle l'armée permanente du pays. C'est dans cette masse que l'on puisera au moment du besoin pour former les armées actives. Il y aura lieu de s'occuper du chiffre de cette armée et de ses principes d'organisation.

2° Derrière l'armée permanente on trouvera un système de réserves nationales, ayant pour but de faire concourir à la défense du pays toute sa population valide.

3° Il y aura ensuite un mode de recrutement destiné à remplir les cadres de l'armée permanente et à les entretenir au complet.

4° Il y aura encore des moyens de discipline, desquels découleront une organisation de la justice militaire et un système d'avancement et de récompenses.

5° On trouvera des méthodes d'instruction, ayant pour objet de préparer l'armée à la guerre.

6° Puis des principes d'administration, au moyen desquels on assurera les divers besoins des troupes et auxquels on pourra rattacher les différents services administratifs.

7° Enfin tout système militaire présente des établissements du matériel, formant la richesse militaire du pays, comprenant des casernes, des hôpitaux, des ateliers de toute espèce, des arsenaux, etc.

Nous allons voir successivement chacune de ces sept parties du système militaire moderne.

## II.

**De l'armée permanente. Considérations relatives à la nécessité d'une armée permanente.**—La première armée permanente créée par Charles VII, après les guerres des Anglais, était composée de 9,000 lances et de 16,000 francs archers.

Louis XI perfectionne cette institution, quoique abandonnant les francs archers pour prendre des mercenaires suisses.

L'Europe entière l'imite bientôt, et depuis cette époque chaque peuple eut son armée permanente.

A la mort de Henri IV, l'armée permanente en France était de 37,000 hommes.

Louis XIV en eut 450,000;

La République 1,200,000.

En ce moment l'Europe nourrit deux millions et demi de soldats.

Les armées permanentes sont ainsi devenues de plus en plus nombreuses.

Aujourd'hui, l'on appelle de ce nom une partie de la nation, instruite, disciplinée, organisée, pourvue de matériel et destinée à défendre la patrie contre les invasions, à porter la guerre hors des frontières, enfin à protéger la société contre les révoltes intérieures.

La nécessité d'une armée permanente est basée sur les considérations suivantes :

1° Une armée permanente est nécessaire pour protéger la nationalité d'un pays, pour couvrir tous ses biens, en un mot pour défendre son existence contre les invasions étrangères.

Une nation peut être parvenue à un haut degré de civilisation. Elle peut posséder tous les avantages, tout le bien-être que présentent un territoire fertile, un commerce étendu, de grandes richesses. Elle peut avoir toutes les jouissances que procurent les arts et l'industrie.

A quoi lui serviront tous ces biens si elle ne peut pas les défendre, si un peuple voisin plus fort, plus pauvre ou plus turbulent vient fondre tout à coup sur son territoire et le ravager, comme les Barbares fondirent sur le Bas-Empire et ravagèrent Rome et Constantinople?

Il faut donc une armée permanente pour défendre l'existence d'un peuple, comme il fallait une arme à l'homme primitif pour défendre sa vie.

2° Indépendamment de son existence propre, de sa vie intérieure, un peuple a encore une vie extérieure, c'est-à-dire des droits et des intérêts résultant de ses relations avec les peuples voisins. L'armée permanente est destinée à les sauvegarder.

J'ai dit que la guerre avait été définie par un auteur allemand : Un duel sur une grande échelle. Sans rechercher les duels, un particulier qui veut faire respecter son honneur, doit toujours être prêt à les soutenir. Il en est de même pour les peuples. Sans rechercher la guerre, un peuple doit toujours être prêt à la faire. C'est la meilleure manière de faire respecter ses droits, sa puissance et sa dignité.

3° La nécessité d'assurer l'exécution des lois, de maintenir l'ordre social, de réprimer les troubles intérieurs, de contenir les mauvaises passions, est une troisième cause de la permanence des armées.

Les peuples ont des droits plus ou moins étendus tracés dans leurs constitutions. Ils peuvent agir dans la limite de ces droits ; mais, quand ils les dépassent, ils doivent être réprimés. Sans cela, la paix publique serait sans cesse compromise et la prospérité d'un pays serait impossible.

On a prétendu qu'une armée permanente pouvait devenir un instrument de despotisme. Cela pourrait être vrai d'une armée mercenaire, mais non d'une armée nationale qui se renouvelle fréquemment et qui est toujours profondément imprégnée des sentiments de la population et de l'opinion publique.

4° Les exigences de l'instruction militaire moderne sont une quatrième cause de la permanence des armées.

L'art de la guerre touche aujourd'hui à toutes les branches des connaissances humaines et leur emprunte quelques-unes de leurs applications. Il faut plusieurs années pour former des soldats et des officiers subalternes. Il faut le travail de la vie presque tout entière pour former des généraux.

Autrefois les communes, la pospolite, les milices,

pouvaient se lever au moment du danger et marcher immédiatement à l'ennemi. Aujourd'hui la garde nationale, les landwehrs, peuvent servir de corps de réserve et agir en seconde ligne. Mais il faut absolument entretenir une armée permanente pendant la paix, si l'on veut avoir une véritable force militaire, prête et instruite au moment de la guerre.

5° Enfin nous voyons maintenant toutes les puissances de l'Europe augmenter ou diminuer leurs armées à la fois, chacune d'elles craignant d'être surprise par les autres. Il faudrait donc, pour qu'un peuple pût dissoudre son armée permanente, que tous fissent comme lui. Celui qui conserverait la sienne menacerait l'indépendance générale.

Voilà les considérations relatives à la permanence des armées modernes, que l'on regarde aujourd'hui comme l'ancre de salut des États.

Chez les Grecs et chez les Romains, les armées semblaient temporaires. On les levait au moment de la guerre. Mais ces armées n'étaient temporaires qu'en apparence. Elles offraient en réalité tous les avantages des troupes permanentes, puisque Rome et Sparte ne furent pendant longtemps que de grands camps où les citoyens étaient exercés constamment au métier des armes. Les institutions civiles se confondaient ainsi avec les institutions militaires, et, en arrivant sous les drapeaux, les soldats n'avaient plus rien à apprendre. Exercices, discipline, obéissance au commandement, ils étaient préparés à tout par l'éducation et par les travaux du champ de Mars.

L'armée permanente, dont nous venons d'établir la nécessité en vue de la guerre, rend encore d'autres services pendant la paix.

On peut la considérer comme une école pratique pour la masse de la population ; école intellectuelle ; école de moralité ; école de perfectionnement physique.

Sous le rapport intellectuel, les soldats apprennent à lire, à écrire, à compter. Ils peuvent aller plus loin, et apprendre l'histoire, la géographie, etc.....

Sous le rapport moral, l'état militaire est un correctif aux défauts du caractère, aux mauvais penchants, à certains vices d'organisation. Le contact des hommes entre eux les oblige à des égards réciproques. Le respect de la hiérarchie militaire prépare pour l'avenir celui de la hiérarchie sociale.

Sous le rapport physique, la variété des exercices, l'habitude de la propreté, la gymnastique, la danse, l'escrime, jointes à une alimentation qui s'améliore chaque jour, et qui est supérieure à celle de l'ouvrier et du paysan, tout tend à perfectionner la race. L'armée peut avoir ainsi une grande influence sur la constitution physique de la population.

Considérée de cette manière, l'armée d'une nation n'est plus un fardeau pour elle, c'est une institution à la fois importante et avantageuse, une institution qui peut exercer une heureuse influence sur ses destinées.

**Chiffre d'une armée permanente.** — Nous avons établi la nécessité d'une armée permanente.

Examinons maintenant les considérations relatives à la détermination de son chiffre.

L'effectif d'une armée permanente est variable ; on peut distinguer :

Un chiffre minimum ;

Un chiffre moyen ;

Et un chiffre maximum.

Ce que l'Empereur a appelé,

Le pied de paix,

Le pied de guerre,

Le grand pied de guerre, dans une lettre du 4 septembre 1806, datée de Saint-Cloud et adressée au ministre de la guerre.

Le minimum correspond à l'état de paix profonde, dans le cas où l'on n'a rien à craindre de ses voisins, et où il n'y a pas de cause de révolte intérieure.

Le chiffre moyen correspond à une guerre ordinaire avec un peuple de force à peu près égale.

Le maximum correspond à une guerre redoutable, dans le cas d'une coalition, de la patrie en danger, comme en 1793.

On commence par déterminer le chiffre minimum, d'après les considérations suivantes :

1° On considère la population du pays et la nature de ses occupations :

La population du pays, parce qu'il ne faut pas enlever à l'agriculture et à l'industrie une quantité de bras dont elles pourraient souffrir ;

La nature de ses occupations, parce que les peuples industriels ont plus de peine à recruter leurs armées que les peuples agricoles.

On établit de cette manière un certain rapport entre le chiffre de l'armée et celui de la population.

Ce rapport varie du $\frac{1}{80}$ au $\frac{1}{100}$ pour les divers États de l'Europe. On a reconnu que la meilleure proportion était à peu près celle du $\frac{1}{100}$.

C'est le rapport adopté en France, en Autriche et en Prusse.

2° On considère ensuite, dans la détermination du chiffre de l'armée permanente, les revenus de l'État.

Car il faut que la charge imposée au Trésor n'a-
mène pas un déficit dans les ressources annuelles du
budget.

Du temps des armées mercenaires, sous Frédéric
par exemple, le dernier écu donnait le dernier soldat.
La France a prouvé depuis que l'amour de la patrie et
l'honneur valaient mieux que l'argent pour procurer
des défenseurs à un pays; néanmoins, comme on ne
peut entretenir les armées qu'avec de l'argent, il faut
établir un rapport rationnel entre le chiffre de l'armée
permanente et les moyens du Trésor.

3° On considère ensuite l'étendue des frontières et
les facilités qu'elles offrent pour la défense.

4° On examine la nécessité de faire sentir son influence au dehors, l'état militaire des puissances voi-
sines, leurs alliances, les vues politiques qu'on leur
connaît ou qu'on leur suppose.

5° Enfin on prend en considération les qualités
physiques et morales du peuple, son aptitude à la
guerre et son esprit militaire.

On détermine ainsi le chiffre minimum ou le pied
de paix de l'armée permanente.

Ce chiffre est à peu près de 300,000 hommes pour
les principales puissances de l'Europe, chacune d'elles
cherchant toujours à se tenir au niveau des autres.

Il est plus considérable pour la Russie; mais il y a
compensation par suite de l'étendue du territoire et
de la difficulté des communications.

Il est plus faible en Angleterre; mais il y a également compensation, par suite de la position géographique de ce pays et de la force de sa marine.

Le chiffre moyen ou le pied de guerre se déduit
ensuite du chiffre minimum.

Il y a une certaine relation entre l'un et l'autre.

L'effectif moyen est celui avec lequel on fait la guerre ; c'est l'effectif normal ; 100 hommes par peloton, 800 hommes par bataillon.

L'effectif minimum est celui auquel on peut réduire l'armée sans inconvénient, c'est 50 à 60 hommes par peloton ; 400 à 450 hommes par bataillon.

Au-dessous de ces chiffres, les cadres qui doivent être conservés en tous temps ne seraient plus employés d'une manière utile ; ils n'auraient plus à commander un nombre suffisant de subordonnés, leur instruction ne pourrait plus se faire qu'avec difficulté.

L'effectif moyen est donc à peu près le double de l'effectif minimum, ou dans la proportion de 5 à 3.

Le minimum étant de 300.000 hommes, le chiffre moyen sera de 5 à 600,000 hommes.

Le chiffre moyen des principales armées européennes varie en effet aujourd'hui de 5 à 600,000 hommes.

Enfin le chiffre maximum, ou le grand pied de guerre de l'armée permanente, comprend tous les hommes valides du pays. Son rapport réel avec la population varie du $\frac{1}{5}$ au $\frac{1}{6}$ ; mais on n'en arrive jamais à ce point. Et la France, qui avait, en 1793, quatorze armées sur les frontières et 1.200,000 hommes sous les drapeaux, la France n'avait atteint que le $\frac{1}{16}$ ou le $\frac{1}{26}$ de sa population.

Telles sont les considérations relatives à la détermination du chiffre de l'armée permanente. Et le système militaire d'un État doit être établi de telle manière que l'on puisse passer successivement et sans secousse d'une paix profonde à une guerre ordinaire, et de là à une guerre générale ; c'est-à-dire que l'on puisse élever progressivement et facilement l'effectif de l'armée du chiffre minimum au chiffre moyen et de celui-ci au chiffre maximum ; c'est-à-dire encore, que l'on puisse faire varier cet effectif suivant les circonstances.

L'on parvient à résoudre ce problème et à préparer un peuple à ces trois efforts successifs, au moyen du système des réserves que nous verrons dans la prochaine leçon.

III.

**Principes d'organisation des armées permanentes.** — Il y a lieu maintenant d'étudier les principes d'organisation des armées permanentes.

Organiser une armée, c'est y établir des subdivisions et donner des chefs à chacune d'elles, de manière à pouvoir l'instruire et la mouvoir selon la volonté d'un seul homme.

Un seul homme ne peut pas en commander directement cent mille.

Il a besoin d'intermédiaires qui commanderont sous lui des groupes plus ou moins considérables, et qui n'auront affaire directement qu'à un nombre limité de subordonnés.

Ainsi, comme nous le verrons tout à l'heure, le général en chef d'une armée de 100,000 hommes n'a affaire directement qu'à 5 ou 6 généraux de corps d'armée ;

Chaque général de corps d'armée qu'à 4 ou 5 généraux de division ;

Chaque général de division qu'à 2 ou 3 généraux de brigade ;

Chaque général de brigade qu'à 2 ou 3 colonels ;

Et ainsi de suite, jusqu'au caporal d'escouade, qui commande directement 8 ou 12 hommes.

Il y a donc une échelle qui lie le général en chef au dernier homme de son armée.

Voyons comment on établit cette progression et comment on organise la multitude d'hommes armés formant l'armée permanente.

On divise d'abord l'armée permanente en *corps de ligne*, qui se présentent en ligne à l'ennemi, qui forment les lignes d'un ordre de bataille, et en *corps hors ligne*, qui sont destinés à seconder et à compléter l'action des corps de ligne.

Les corps de ligne sont :

1° L'infanterie ou réunion des combattants à pied;

2° La cavalerie ou réunion des combattants à cheval;

3° Et l'artillerie, comprenant le personnel et le matériel des bouches à feu.

Voilà les grandes divisions que l'on établit d'abord dans l'armée permanente.

On organise ensuite chacune des armes que nous venons de nommer.

On y établit deux espèces d'organisation :

1° L'organisation tactique, qui a pour but de l'instruire et de la mouvoir;

2° L'organisation administrative, au moyen de laquelle on pourvoit à ses besoins.

Examinons successivement ces deux organisations dans les trois armes.

Dans l'infanterie, on a formé un premier groupe de 8 à 12 hommes, à la tête duquel on a mis un caporal. C'est la première unité formant la base de l'organisation.

On appelle unité la réunion d'hommes qui obéit à un seul chef.

En France, on a nommé *escouade* cette première unité facile à commander et à instruire.

Deux escouades forment une demi-section de 16 à 25 hommes sous les ordres d'un sergent.

Deux demi-sections forment une section, dont la force varie de 30 à 50 hommes, et qui est commandée par un lieutenant ou sous-lieutenant.

Deux sections forment un peloton, dont la force varie de 60 hommes sur le pied de paix à 100 hommes sur le pied de guerre, et qui est commandé par un capitaine.

Quatre, six ou huit pelotons forment un bataillon, dont la force moyenne, sur le pied de guerre, est de 800 hommes, et qui est commandé par un chef de bataillon.

Deux, trois, quatre, cinq et parfois six bataillons forment un régiment.

Il y a aujourd'hui, en Angleterre, des régiments à un bataillon, comme il y en avait en France sous Louis XIV. Ce système est coûteux, parce qu'on entretient des états-majors pour un trop petit nombre d'hommes.

D'un autre côté, si le nombre des bataillons est trop considérable, le régiment devient lourd dans les manœuvres, difficile à administrer et à conduire.

Trois ou quatre bataillons par régiment semblent présenter la meilleure combinaison.

Nous voici arrivés à un premier degré dans l'organisation : au régiment d'infanterie. Suivons la même progression pour la cavalerie.

Dans la cavalerie, l'organisation tactique commence

aussi à l'escouade, 6 ou 8 cavaliers, commandés par un brigadier.

Deux escouades forment une section, 12 ou 16 cavaliers, commandés par un maréchal des logis.

Deux sections forment un peloton, 24 ou 32 cavaliers, commandés par un lieutenant ou sous-lieutenant.

Quatre pelotons forment un escadron, 100 ou 150 cavaliers, commandés par un capitaine.

Quatre, six ou huit escadrons forment un régiment, 600, 800 ou 1000 cavaliers, commandés par un colonel.

Dans l'artillerie, la première unité est la pièce, commandée par un maréchal des logis.

Deux pièces forment une section, commandée par un officier, lieutenant ou sous-lieutenant.

Trois ou quatre sections forment une batterie, commandée par un capitaine ou par un officier supérieur.

Quatre, six, huit batteries, quelquefois davantage, forment un régiment et représentent le commandement d'un colonel.

Telle est, pour les trois armes, l'organisation du premier degré, l'organisation régimentaire.

Nous avons ensuite une organisation d'un degré plus élevé, une organisation d'ensemble.

On réunit alors deux ou trois régiments d'infanterie ou de cavalerie, et l'on forme des brigades commandées par des généraux de brigade.

Deux ou trois brigades réunies forment une division de l'une ou l'autre arme, commandée par un général de division.

Deux, trois, quatre ou cinq divisions d'infanterie avec une division de cavalerie et une réserve d'artillerie forment un corps d'armée.

Deux, trois ou quatre divisions de cavalerie forment un corps de cavalerie.

Trois, quatre, cinq ou six corps d'infanterie avec un ou deux corps de cavalerie forment une armée active.

Les corps d'armée et les armées sont commandés par des généraux de division, par des généraux de corps d'armée (chez les puissances étrangères) ou enfin par des maréchaux.

Il y a ordinairement plusieurs armées actives dans une armée permanente. L'on peut en tirer, suivant les circonstances, trois, quatre, cinq, etc... En 1793, nous en avions quatorze.

Voilà l'ensemble de l'organisation tactique des armées modernes, celle qui permet d'instruire, de mouvoir et de faire combattre les troupes.

L'organisation administrative qui vient après l'organisation tactique se confond avec celle-ci et présente deux unités du premier degré :

1° La compagnie, l'escadron ou la batterie, administré par le capitaine ;

2° Le régiment, administré par le colonel.

Ensuite viennent les unités principales : divisions et corps d'armée, qui possèdent un personnel administratif et qui représentent de grandes unités administratives en même temps que de grandes unités tactiques.

Tels sont les principes suivis pour organiser les corps de ligne d'une armée permanente.

**Des cadres.** — Nous venons de voir qu'à la tête de chacune des unités de l'organisation, il y avait des chefs. L'ensemble de ces chefs forme les cadres de l'armée.

De la bonté des cadres dépend la valeur des troupes.

Les cadres doivent être en rapport avec l'effectif de l'armée. Un officier pour 30 ou 40 hommes paraît être la proportion la plus rationnelle. C'est celle qui allie le mieux l'économie à un bon service, dit le maréchal Marmont.

Toutes les armées européennes ont aujourd'hui quatre classes de supérieurs.

1° Les caporaux ou brigadiers, sergents ou maréchaux des logis, sergents-majors ou maréchaux des logis chefs et adjudants. Voilà une première classe, celle des sous-officiers;

2° Les sous-lieutenants, lieutenants et capitaines, formant les officiers subalternes;

3° Les chefs de bataillon, lieutenants-colonels et colonels, formant les officiers supérieurs;

4° Les généraux de brigade, de division, de corps d'armée et les maréchaux, formant les officiers généraux.

**De la hiérarchie.**—Ces différents grades correspondent aux divers degrés de l'organisation, et la manière dont ils sont échelonnés forme ce que l'on appelle la *hiérarchie*.

D'après le général Bardin, le mot hiérarchie signifie :

La chaîne des autorités;

Leur subordination;

Leur classement;

Leur graduation;

Leur progression, depuis le soldat jusqu'au souverain.

C'est l'enchaînement des grades.

C'est d'elle que découlent les droits et les devoirs de chacun.

La hiérarchie sera d'autant plus parfaite que le nombre des échelons se rapprochera davantage du strict nécessaire, et que chaque échelon n'aura de contact direct qu'avec ses deux voisins.

C'est la meilleure manière d'éviter l'embarras, la confusion, les à-coup dans le commandement et d'assurer pour les ordres une transmission directe et une prompte exécution.

**Des corps hors ligne.** — Indépendamment des corps de ligne dont j'ai parlé, une armée permanente comporte encore des corps hors ligne, qui ont pour objet d'assurer, de compléter et de seconder l'action des corps de ligne.

Les corps hors ligne sont les suivants :

1° Le génie, chargé de la construction des places et des bâtiments militaires, et en même temps des siéges ;

2° Le train des équipages, chargé des transports ;

3° Les ouvriers d'administration, qui exécutent les différents services administratifs ;

4° La gendarmerie, chargée de la police à l'intérieur et aux armées ;

5° Les vétérans, vieux soldats pouvant rendre encore quelques services dans les garnisons ;

6° Les compagnies de discipline, formant un moyen de répression, etc...

Il faut joindre aux corps hors ligne les états-majors et les divers services que l'on trouve dans une armée permanente ; ainsi :

L'état-major général ;
Le corps d'état-major ;
L'état-major des places ;
L'état-major particulier de l'artillerie ;
L'état-major du génie ;
Le corps de l'intendance ;
Le service de santé ;
Le personnel des parquets militaires ;
Etc. . . . . . . . . . . . . . . . . . .

Ces différents corps, états-majors ou services, se retrouvent dans toutes les armées européennes, sous des noms différents, mais avec les mêmes attributions.

Tels sont les principes généraux de l'organisation des armées permanentes.

Nous terminons ici la première partie de l'étude des institutions militaires d'un peuple.

# TROISIÈME LEÇON.

Des réserves. — Réserve de l'armée. — Réserves nationales.

Du recrutement. — Ses différents modes à diverses époques. — Méthodes actuelles. — Avantages et inconvénients de chacune d'elles. — Considérations relatives à l'âge de l'appel, à la durée du service, au choix du contingent, etc.

Des remontes. — Divers systèmes. — Action du gouvernement dans la production des chevaux.

## I.

**Des réserves.** — Nous avons vu que, pour l'effectif des armées permanentes, il y avait un chiffre minimum, un chiffre moyen et un chiffre maximum. J'ai ajouté que, dans un système militaire bien organisé, il fallait pouvoir passer successivement et sans secousse de l'un à l'autre de ces trois chiffres.

L'on résout ce problème au moyen des réserves, c'est-à-dire en échelonnant la population derrière l'armée permanente, en la fractionnant en plusieurs classes destinées à marcher successivement à l'ennemi.

C'est ainsi que, chez presque toutes les nations européennes, la force publique présente trois éléments principaux :

1° L'armée permanente, organisée, instruite, exercée, comme nous l'avons vu plus haut ;

2° La réserve de l'armée, comprenant des hommes qui appartiennent à l'armée, mais qui ne l'ont pas encore rejointe, ou bien qui ont été renvoyés en congé illimité.

On trouve cette réserve en France, en Autriche, en Prusse, en Russie.

3° Le reste de la population valide du pays pouvant, en cas de guerre, faire le service des places fortes, celui de l'intérieur et même accidentellement envoyer des corps d'élite aux armées actives.

Telles sont : la garde nationale en France, les landwehrs en Allemagne, Prusse et Autriche, les milices en Angleterre.

Chaque pays a ainsi ses réserves. Leur organisation est plus ou moins complète, plus ou moins avancée, mais les principes sont les mêmes. Ils consistent à échelonner la population derrière l'armée, de manière que tous les hommes valides du pays puissent prendre part à sa défense.

En France, la force publique comprend trois éléments principaux :

1° L'armée active, dont le chiffre minimum est de 300,000 hommes ;

2° La réserve de cette armée. En 1818, le temps du service militaire était de douze ans, six ans dans l'armée active et six ans dans la réserve. La loi du 5 juin 1824, en réduisant à huit ans le service militaire, avait détruit ce principe de réserve.

La loi de 1833 ne l'avait pas rétabli. On tend maintenant à le remettre en vigueur. La réserve aujourd'hui doit comprendre surtout des hommes envoyés en congé illimité après un certain nombre d'années de service, et pouvant par conséquent entrer immédiatement en campagne. Avec cette réserve, l'armée peut passer facilement et sans secousse du chiffre minimum, 300,000, au chiffre moyen 600,000, ou, suivant les besoins, à des chiffres intermédiaires.

3° Le troisième élément de la force publique en France est la garde nationale. Son organisation est fixée par la loi. On y procéderait en cas de besoin.

La garde nationale se divise en deux bans :

La garde nationale active, qui peut être employée dans l'intérieur des frontières ;

La garde nationale sédentaire, destinée à former la garnison des places fortes.

La garde nationale forme un élément considérable de la force publique, comme nombre, comme opinion, et même comme valeur militaire : témoin les gardes nationaux de 1814, de 1815 et de juin 1848.

Telles sont les réserves dans les institutions militaires d'un peuple.

## II.

**Du recrutement. — Ses différents modes à diverses époques. —** On appelle en général *recrutement* l'ensemble des moyens qu'un gouvernement emploie pour remplir les cadres de son armée permanente.

Le recrutement varie suivant le caractère des peuples et suivant leur constitution politique et sociale.

Il a varié avec les époques.

Nous avons vu que les anciennes républiques de la Grèce et de Rome choisissaient, parmi les citoyens en âge de porter les armes, ceux qui, d'après leur fortune et leur constitution physique, paraissaient les plus propres au service militaire.

Les armées étaient alors véritablement nationales, et l'existence des peuples, leur liberté, leurs biens les plus chers, étaient remis aux mains de ceux qui avaient le plus d'intérêt à les défendre.

Puis vinrent les Barbares, et tout ce qui avait la force de porter les armes était appelé à combattre.

Au moyen âge, le service militaire était considéré comme un impôt attaché à la terre, et la possession d'un fief entraînait l'obligation de fournir un certain nombre de lances.

Enfin, parurent les armées permanentes.

Charles VII, en 1445, crée avec des éléments nationaux les francs archers et les compagnies d'ordonnance.

Louis XI conserve cette première armée permanente, mais il la recrute au moyen de mercenaires.

Les mercenaires en France dataient de Philippe-Auguste ; on les appelait alors *soudoyers*, *routiers*, *cottereaux*. Leur solde était de quatre journées de travail. Ils jouèrent un grand rôle dans toutes nos guerres du moyen âge, mais sans être permanents.

Ce fut Louis XI qui les employa le premier de cette manière, et qui prit à sa solde des Suisses devenus fameux par leurs succès contre Charles le Téméraire.

Les successeurs de Louis XI l'imitent sous ce rapport, et aux Suisses ajoutent les lansquenets.

A l'époque de la guerre de Trente-Ans, c'est-à-dire pendant la deuxième période de la deuxième époque de l'histoire militaire, les armées se lèvent pour ainsi dire à l'entreprise.

L'empereur d'Allemagne, Ferdinand II, par exemple, ayant besoin d'une armée, s'adresse à Wallenstein. Celui-ci fait venir des colonels à qui il demande des régiments ; ceux-ci, des capitaines qui lèvent les compagnies.

Ces compagnies sont composées de mercenaires, raccolés à prix d'argent, soit parmi les nationaux, soit parmi les étrangers.

Les armées comprennent alors deux sortes de mercenaires :

Les mercenaires par capitulation, comme les Suisses, les reîtres ou les lansquenets,

Et les mercenaires isolés.

François Iᵉʳ revint momentanément au système des troupes nationales en organisant les légions ; mais cette institution ne dura pas longtemps.

Telles sont les premières méthodes de recrutement jusqu'à Louis XIV.

Sous Louis XIV, les mercenaires furent insuffisants pour recruter des armées dont le chiffre s'éleva jusqu'à 450.000 hommes. Alors le roi, par ordonnance du 29 novembre 1688, créa le système des milices.

D'après cette ordonnance, les villages furent soumis à l'obligation de fournir annuellement un certain nombre d'hommes avec lesquels on forma des régiments provinciaux. En 1697, ces régiments provinciaux furent incorporés dans l'armée active, comme plus tard, en 1813, les cohortes de la garde nationale servirent à réparer les pertes de la campagne de Russie.

Sous Louis XV, les mercenaires et le raccolage alimentent encore les armées. Mais, en 1743, frappé des inconvénients de ce système, le roi établit de nouvelles milices. Elles furent levées, organisées, puis, à un certain moment, comme les milices de Louis XIV, absorbées par l'armée active.

Au moment de la révolution, le Gouvernement doit

soutenir la guerre avec une armée désorganisée, et dont le recrutement n'est pas assuré.

L'enthousiasme national y supplée dans les premières années. De nombreux bataillons de volontaires se lèvent de toutes parts.

On les amalgame avec les bataillons de ligne, à raison de deux bataillons de volontaires avec un bataillon de ligne, pour former une demi-brigade.

Et ce recrutement irrégulier suffit aux premières campagnes.

Puis l'enthousiasme se refroidit. Les volontaires quittent l'armée. Alors on emploie le système des réquisitions, qui, appliqué avec rigueur, jette sur la frontière presque toute la population valide du pays.

Enfin, le 19 fructidor an VI (5 septembre 1798), le recrutement entre dans un mode plus régulier, et une loi établit le système de la conscription, avec lequel on fit toutes les guerres de l'Empire.

Abolie momentanément en 1814, par suite des événements politiques, la conscription reparut en 1818, sous le ministère du maréchal Gouvion-Saint-Cyr, quand on voulut reconstituer l'armée.

La loi du 21 mars 1832 a consacré le principe de la conscription et a établi le système des appels aujourd'hui en usage.

Ce système est adopté dans tous les États européens, sauf en Angleterre, où le gouvernement continue à recruter ses armées au moyen de mercenaires.

**Méthodes actuelles.** — Il y a donc aujourd'hui deux systèmes de recrutement :

1° Le système des mercenaires ;
2° Le système des appels.

Nous allons les examiner successivement.

**Système des mercenaires.** — Je distingue deux espèces de mercenaires :

1° Les mercenaires par capitulation, c'est-à-dire qui servent en vertu d'un marché général fait avec une nation, comme les Suisses à diverses époques de notre histoire, et encore dernièrement auprès du roi de Naples ;

2° Les mercenaires isolés qu'un gouvernement fait enrôler par ses agents à l'intérieur et à l'extérieur, au moyen de marchés individuels, dont les clauses sont variables. C'est le système de recrutement d'avant la révolution. C'est le système qu'emploie encore aujourd'hui l'Angleterre pour remplir les cadres de son armée.

Le système des mercenaires par capitulation a de grands inconvénients. Ce sont des espèces de condottieri qui appartiennent à celui qui les paie le plus cher, et qui, au moment du danger, peuvent abandonner la cause à laquelle ils sont attachés.

Ce système présente cependant certains avantages. Les hommes qui font leur métier de la profession des armes sont généralement meilleurs soldats que ceux qui servent pour un temps limité. Ils présentent les avantages que l'on rencontre dans les troupes d'aventuriers.

Le système des mercenaires par marchés individuels ne donne que le rebut des populations. Une armée recrutée de la sorte a besoin d'une discipline très-sévère. Elle n'est susceptible ni d'enthousiasme, ni de dévouement.

On trouve cependant dans ce système l'avantage de débarrasser la société d'éléments dangereux qui lui seront moins nuisibles étant soumis à la discipline militaire qu'étant abandonnés à eux-mêmes.

**Système des appels**. — J'arrive maintenant à l'étude du système des appels, qui, comme je l'ai dit, est le système principal employé pour le recrutement des armées modernes.

Dans ce système, la loi impose l'obligation du service militaire. L'armée étant instituée pour la défense de la société, cette obligation est la plus juste et la plus importante de toutes celles qui sont la conséquence de l'état social.

Le système des appels présente le grand avantage de donner une armée nationale.

Il présenterait cependant des inconvénients s'il était appliqué avec trop de rigueur.

Nous verrons comment il est compris chez les différentes puissances de l'Europe et comment chez chacune d'elles on en a adouci les conséquences.

Examinons successivement les diverses questions qui se rattachent au système des appels.

La première est celle qui est relative à l'âge de l'appel.

**Âge de l'appel**. — L'âge de l'appel doit être fixé de telle manière qu'en arrivant sous les drapeaux, les jeunes gens aient assez de vigueur physique pour supporter les fatigues du métier. Appeler des jeunes gens trop jeunes, ce serait vouloir encombrer les hôpitaux, ainsi que cela est arrivé dans la campagne de 1813.

C'est d'après cette considération que l'âge de l'appel a été presque partout fixé à vingt ans.

**Durée du service**. — La seconde question est relative à la durée du service.

Il y a toujours ici deux intérêts en présence.

L'intérêt de l'armée, qui veut que l'on conserve le soldat le plus longtemps possible sous les drapeaux;

Et l'intérêt des populations, qui tend à abréger le plus possible la durée du service militaire.

Il faut alors prendre un terme moyen que l'on établit d'après les considérations suivantes :

1° On consulte l'esprit militaire de la nation, ses aptitudes physiques et intellectuelles et, par suite, la facilité d'instruction qu'elle présente.

2° On calcule le temps nécessaire aux conscrits pour se développer, s'instruire et pour devenir de véritables soldats, particulièrement dans les armes spéciales. La durée du service doit alors être fixée de telle manière que l'État bénéficie pendant un certain temps de cette instruction, une fois reçue, et qu'il puisse tirer pendant quelques années des services sérieux de la part des hommes appelés sous les drapeaux.

3° Enfin il faut qu'après leur libération, les soldats soient encore assez jeunes pour avoir l'espérance de se créer une position lucrative et de s'assurer un avenir.

D'après ces considérations, c'est généralement entre vingt et trente ans que l'on doit fixer la durée du service militaire.

« On a remarqué, dit le général Rogniat, que quand
« l'homme arrive vers trente ans, il commence à per-
« dre sa souplesse; le mouvement cesse de lui être
« agréable; l'effervescence de la jeunesse, qui lui fai-
« sait trouver des charmes dans une vie errante et va-
« riée, se calme par degrés pour faire place à des idées
« de repos et de tranquillité. Arrivé vers cet âge, le
« soldat est donc moins propre à bien faire son mé-
« tier. »

Cette observation ne s'applique pas à l'officier qui

est soutenu par des idées de devoir et d'ambition ; mais elle s'applique aux soldats et sert à déterminer la durée du service militaire.

En Prusse, cette durée est de cinq ans ;

En France, de sept ;

En Autriche, de huit ;

En Russie, elle était de vingt ans ; elle a été réduite à quinze. Elle le sera probablement encore.

En Angleterre, le service militaire est de douze ans, mais s'étend à presque toute la vie, en raison de la constitution particulière de l'armée anglaise.

**Chiffre du contingent.** — La troisième question est relative au chiffre du contingent.

Ce chiffre est variable. Il dépend de l'état du pays et des besoins du moment.

Dans les pays constitutionnels, le pouvoir législatif est appelé à le fixer chaque année. Dans les pays absolus, il est fixé par une ordonnance du souverain, comme en Autriche et en Russie.

En temps ordinaire, dans les circonstances normales, ce chiffre se déduit du chiffre de l'armée permanente et de la durée du service.

Ainsi en France, avant la guerre d'Orient, le chiffre moyen et normal de l'armée était de 500,000 hommes. La durée du service était de sept ans. L'armée se renouvelant par 1/7, le contingent annuel était le 1/7 de 500,000 ou environ 80,000 hommes.

Aujourd'hui le chiffre de l'armée est de 600,000 hommes. Le contingent est de 100,000 par suite des pertes que subit toujours un contingent et en raison de la manière dont la réserve est constituée.

En Prusse, le chiffre de l'armée active est de 125,000

hommes. La durée du service de cinq ans. Le contingent est alors de 25,000 hommes.

Pour obtenir le chiffre du contingent, l'on a remarqué qu'en France, il fallait examiner un nombre de jeunes gens de vingt ans, double du nombre demandé.

Pour 80,000 hommes, il fallait en examiner 160,000.

Pour 100,000 hommes, il faut en examiner 200,000.

En France, on ne peut donc prendre qu'un homme sur deux inscrits. Or le nombre de jeunes gens qui atteignent vingt ans chaque année en France est d'environ 300,000. Donc le maximum d'un contingent français, avec les conditions actuelles de recrutement, est de 150,000 hommes.

En Prusse, la proportion est un peu plus favorable.

La quatrième question est relative à la levée du contingent.

Le chiffre du contingent étant fixé, on le répartit entre les différentes subdivisions territoriales, proportionnellement au chiffre de leur population.

Ensuite, vient la désignation des jeunes gens qui doivent en faire partie.

Cette opération a lieu en France au moyen du sort, afin d'éviter l'arbitraire ou la fraude.

En Prusse, au moyen du choix.

En Russie, d'après la volonté des propriétaires de serfs.

Le choix est évidemment le meilleur de tous les modes, mais il paraît difficile de l'établir d'une manière parfaitement juste et de le mettre à l'abri des influences.

Après la désignation des hommes pour le service

militaire, il y a lieu de constater leur aptitude à ce service, de les répartir entre les différentes armes et de prononcer les exemptions.

Ces opérations ont lieu, chez les divers peuples de l'Europe, au moyen de commissions formées de fonctionnaires civils qui représentent les intérêts des populations et de fonctionnaires militaires qui représentent les intérêts de l'armée.

En France, cette commission s'appelle conseil de révision.

En Russie, commission de recrutement.

En Prusse, il y a des commissions de deux degrés : commission d'arrondissement et commission de département de régence.

Après que les opérations de ces commissions sont terminées, les recrues sont mises en route et rejoignent leurs régiments.

On compte six mois à peu près dans l'infanterie, pour lever une classe, l'habiller, l'instruire et pouvoir la présenter en ligne.

On compte environ dix mois dans la cavalerie.

Tel est l'ensemble du système des appels, qui depuis la révolution a été adopté chez presque toutes les nations de l'Europe, avec les modifications toutefois que comportent leurs institutions politiques et leur caractère particulier.

Le système des appels aurait des inconvénients s'il était appliqué avec trop de rigueur. Pour le rendre moins onéreux à la population, on a admis des exemptions.

Il y en a de deux espèces.

Les premières ont lieu dans l'intérêt de l'État ;

Les secondes dans celui des familles.

L'État refuse les jeunes gens qui n'ont ni la taille, ni la force physique nécessaires pour porter les armes, ni la moralité convenable pour entrer dans l'armée.

Les familles conservent les jeunes gens qui sont nécessaires à l'existence de parents âgés ou infirmes, et de plus ceux qui ont des frères soit au service, soit mutilés ou morts dans les combats. Les familles auxquelles ils appartiennent ont évidemment ainsi payé leur tribut à la société.

Tels sont les principes des exemptions.

Quant aux jeunes gens qui se destinent à certaines carrières, où ils doivent rendre des services à l'État, comme le sacerdoce ou l'instruction publique, ils reçoivent une dispense du service militaire.

La dispense diffère de l'exemption, en ce que l'une est définitive et l'autre temporaire. La dispense cesse avec la cause qui l'a fait accorder.

**De la libération.** — Nous avons vu la levée d'une classe. Quand cette classe a fini son temps de service, elle est renvoyée dans ses foyers, c'est-à-dire libérée.

En temps de guerre, la libération d'une classe n'a lieu que lorsque celle qui la remplace est arrivée elle-même à l'armée active, c'est-à-dire environ six mois après l'époque réelle : sans cela une armée active pourrait tout à coup se trouver notablement affaiblie.

Tel est l'ensemble du système des appels.

**Annexes du système des appels.** — Le système des appels comporte deux annexes, l'*engagement* et le *rengagement*, — et une modification du contingent, *le remplacement*.

**De l'engagement.** — L'engagement volontaire est un contrat par lequel un individu s'engage à servir l'État pendant un nombre d'années déterminé par la loi. Ce contrat est désintéressé, lorsque, comme en France, il ne stipule aucun avantage pécuniaire en faveur de l'engagé.

Quand il est intéressé, l'engagement appartient au système des mercenaires.

Le nombre des engagements volontaires en Europe a diminué à mesure que la civilisation a fait des progrès. Les peuples y ont aujourd'hui trop d'aisance et d'industrie pour que la pauvreté oblige un grand nombre de jeunes gens à s'enrôler. Cela n'arrive qu'en Angleterre, parce que la guerre y arrête l'industrie, et que les ouvriers privés de leurs moyens d'existence n'ont souvent d'autres ressources que de se jeter dans l'armée.

L'engagement volontaire n'est donc plus qu'une annexe insignifiante du recrutement des grandes armées européennes.

**Du rengagement.** — On appelle rengagement l'engagement de l'homme qui a déjà fait un ou plusieurs congés. En France, il a été combiné avec le remplacement pour former le système de l'exonération.

**Du remplacement et de l'exonération.** — Le remplacement a, en effet, certains avantages; il permet aux jeunes gens de suivre sans interruption une carrière pour laquelle ils ont du goût et où ils peuvent se rendre utiles à la société. Il délivre l'armée de soldats qui n'auraient pas la vocation militaire. — Il présente l'inconvénient de donner lieu à un trafic d'hommes honteux et démoralisant.

L'Autriche admet encore le remplacement; la Prusse

ne l'admet pas, mais elle a dans son système militaire une disposition particulière qui y supplée et dont nous parlerons plus tard. — La France a substitué au remplacement militaire l'exonération, qui conserve les avantages du remplacement et en fait disparaître les inconvénients.

Les jeunes gens qui veulent aujourd'hui se faire remplacer, c'est-à-dire se faire exonérer du service militaire, paient à l'État une somme dont la quotité est fixée chaque année.

L'État remplace ces jeunes gens dans les rangs de l'armée par des rengagés, c'est-à-dire d'anciens soldats qui reçoivent une somme en argent et une haute paye journalière, — somme et haute paye fournies par le prix des exonérations qui a été versé dans une caisse nouvellement créée, *celle de la dotation de l'armée.*

L'état militaire devient ainsi une carrière pour les sous-officiers et soldats.

L'armée y trouve l'avantage de conserver des hommes faits, instruits et de bonne conduite, et par suite de bons cadres.

Nous terminons ici l'étude du recrutement, et nous arrivons à l'étude des remontes.

## III.

**Des remontes.** — Une armée a besoin d'un grand nombre de chevaux de selle et de trait, pour sa cavalerie, son artillerie et ses équipages.

Le gouvernement doit, par suite, organiser un système de *remonte*, comme il a organisé un système de recrutement.

**Divers systèmes.** — Chaque puissance a son système particulier de remonte, dépendant de sa situation financière, de sa configuration géographique et de ses ressources chevalines.

L'Angleterre a beaucoup de ressources et peu de cavalerie. Elle n'a donc pas besoin d'établissements de remonte; l'industrie particulière lui suffira largement.

La Russie a de grandes ressources dans ses colonies militaires et dans les vastes plaines qu'elle possède. Elle est riche en chevaux et en fourrages.

L'Autriche a des haras militaires considérables. En 1820 ils ont fourni à la fois 30,000 chevaux. Néanmoins l'Autriche achète des chevaux à l'étranger. Et son système de remonte est mixte, comprenant à la fois la production directe et les achats.

Il en est de même pour la Prusse.

En France on a suivi successivement diverses méthodes.

Jusqu'en 1789, les capitaines propriétaires des compagnies étaient chargés de les remonter, en même temps que de les recruter.

Après la révolution, on employa d'abord les réquisitions forcées.

Puis les régiments furent chargés d'acheter leurs chevaux au moyen de fonds spéciaux appelés *masses de remplacement*.

Ce système engendrait de nombreux abus. Les principaux étaient :

1° La concurrence des régiments entre eux ;
2° La spéculation des individus ou des conseils ;
3° Enfin des marchés simulés.

En 1806, l'Empereur reconnut ces inconvénients et

prescrivit de ne plus faire que des marchés généraux avec des entrepreneurs.

Néanmoins et par suite des besoins, les régiments continuèrent à acheter des chevaux.

Vers la fin de l'Empire, on fut obligé d'en revenir encore aux réquisitions.

A la Restauration, on s'adressa à une compagnie de marchands de chevaux.

Enfin, en 1818, le maréchal Gouvion-Saint-Cyr fait essayer le système des dépôts de remonte, système que l'on développe en 1826, et qui est rendu définitif en 1831, époque où il devient une branche spéciale du ministère de la guerre.

Depuis 1831, il y a eu des modifications successives, mais le principe est resté le même : *achat direct par l'État au producteur.*

A cet effet le Gouvernement possède aujourd'hui, sur les points du territoire les plus favorables à l'élève des chevaux, des établissements appelés *dépôts de remonte*, commandés et administrés par des officiers détachés des corps de cavalerie. Chacun de ces établissements a une circonscription que des officiers acheteurs étudient, parcourent et exploitent. Ils y achètent des chevaux au-dessus de 4 ans et au-dessous de 8, et dans les conditions voulues pour un bon service de guerre. Les chevaux restent dans les écuries du dépôt, jusqu'à ce qu'ils aient achevé de se développer, ou jusqu'à ce qu'ils soient habitués au régime de l'armée.

Quand ces chevaux sont prêts pour le service, les dépôts de remonte les expédient aux corps sous la conduite de détachements commandés par des officiers ou des sous-officiers. On envoie toujours aux mêmes régiments des chevaux de même provenance, afin qu'il

y ait dans chacun d'eux homogénéité de remonte, uniformité d'allures et uniformité d'hygiène.

Tel est le système normal des remontes françaises.

Il y a ensuite deux systèmes accessoires :

1° Les marchés généraux avec des entrepreneurs;
2° L'achat direct par les régiments.

Le premier de ces systèmes est onéreux. Il donne des
résultats médiocres. Il nuit à la production nationale.

Nous avons vu les inconvénients du second.

On ne les emploie l'un et l'autre qu'exceptionnel-
lement et en cas d'urgence.

Quant à nos ressources chevalines, la France, dit
Guibert, est assez puissante pour ne rien craindre et
assez riche pour ne rien désirer.

Nous avons en effet des ressources suffisantes sous
tous les rapports. Il s'agit de savoir les utiliser.

Sous le rapport hippique, la France possède environ
trois millions de chevaux, dont les juments forment
un peu plus de la moitié.

Le nombre des naissances est d'environ 300,000
par an.

De plus, nous possédons toutes les races nécessaires aux trois espèces de cavalerie et au trait.

L'armée, sur le pied de paix, a besoin d'environ
80,000 chevaux, 50,000 de selle et 30,000 de trait.

La durée du cheval dans l'armée est de huit ans en
moyenne.

L'État renouvelle son effectif par 1/8. Et tous les
ans il achète environ 10,000 chevaux, 5 à 6,000 de
selle, 4 à 5,000 de trait.

Tels sont nos ressources et nos besoins. Les unes seraient bien supérieures aux autres, si tous nos chevaux étaient propres au service de l'armée.

C'est à ce but que le Gouvernement s'efforce de parvenir. Ce serait un grand avantage pour lui et pour les éleveurs. Du reste, un bon cheval ne coûte pas plus à faire qu'un mauvais.

**Action du Gouvernement dans la production des chevaux.** — Pour améliorer nos races, l'État surveille, facilite et encourage la production des chevaux.

Il le fait de quatre manières :

1° En assurant l'écoulement des produits et en achetant tous les ans un minimum de 10,000 chevaux ;

2° En primant les meilleurs élèves ;

3° Au moyen des courses ;

4° En entretenant des étalons pour les saillies. Ces étalons sont choisis dans de bonnes conditions. A l'époque de la monte, le Gouvernement leur fait parcourir une certaine circonscription, en demandant un prix peu élevé pour la saillie.

Grâce à ces moyens, l'État exerce une grande influence sur la race chevaline du pays.

D'après les rapports du général Oudinot et du général Lamoricière, il y a déjà eu une amélioration sensible ; et bientôt la France, même en cas de guerre, ne sera plus tributaire de l'étranger.

# QUATRIÈME LEÇON.

Suite des institutions militaires d'un État.
De la discipline. — De la justice militaire. — De l'avancement et des
   récompenses.
De l'administration.
De l'instruction.
Des établissements militaires.

————

## I.

Nous avons établi la nécessité des armées permanentes, qui forment la base et le premier élément des systèmes militaires modernes.

Nous avons développé ensuite les considérations relatives à la détermination du chiffre de ces armées.

Puis, nous avons étudié leurs principes d'organisation. Nous avons vu quelles étaient leurs diverses unités et comment celles-ci étaient commandées.

Dans le chapitre suivant, nous avons examiné la constitution des réserves.

Et ensuite les moyens employés pour remplir les cadres d'une armée en hommes et en chevaux, c'est-à-dire les méthodes de recrutement et de remonte.

Tel est le point auquel nous sommes arrivés dans l'étude des institutions militaires d'une nation.

Nous connaissons tous les principes relatifs à l'existence de son armée. Il nous faut voir maintenant les moyens de la mettre en action.

L'ensemble de ces moyens forme les quatre derniers éléments du système militaire moderne, c'est-à-dire :

La discipline, de laquelle découlent : la justice militaire d'une part et de l'autre l'avancement et les récompenses ;

Puis l'administration ;

Ensuite l'instruction ;

Et enfin les établissements militaires.

Nous allons examiner aujourd'hui ces quatre dernières parties de l'étude des institutions militaires d'un peuple.

## II.

**De la discipline.** — Pour mettre une armée en action, la première condition est que ses divers éléments obéissent à la volonté d'un seul homme, que cette volonté soit transmise hiérarchiquement jusqu'aux derniers degrés de l'organisation, et soit exécutée partout.

Il faut donc que les inférieurs obéissent à leurs supérieurs, et cette obéissance constitue *la discipline*.

Dans l'antiquité, la discipline était considérée comme l'art de dresser les hommes de guerre, de les soumettre au frein du service militaire, de les mouvoir à un signal.

Son objet était d'inspirer au soldat le respect pour celui qui commande.

La discipline était encore l'observation des formes particulières à la profession des armes, la conduite tenue par une troupe, conformément à des règlements ou aux décisions d'un général d'armée.

Aujourd'hui la discipline peut être considérée de la même manière que dans l'antiquité ; elle remplit les mêmes objets ; je la définis :

L'obéissance de l'inférieur au supérieur ;

Ou bien encore l'observation des règlements militaires.

La discipline a une grande importance.

C'est le principe vital. C'est le moteur de toute organisation.

Sans elle, point d'armée.

Avec la discipline, au contraire, on voit des bandes de mercenaires recrutées souvent dans la lie des populations devenir de bonnes troupes, et accomplir de grandes choses.

Je citerai, pour exemples, les Grecs de Cyrus, les mercenaires d'Annibal, et, à l'époque moderne, les Anglais de Wellington.

La discipline est importante, non-seulement au point de vue de l'existence des armées, mais encore au point de vue de l'existence des États.

Une nation peut périr par l'indiscipline de ses armées, comme Rome et Byzance, au temps du Bas-Empire.

Tandis qu'au contraire, dans un État, tant que la discipline est en vigueur, rien n'est désespéré, même après les plus grandes défaites. Témoin Rome, aux temps de Brennus et d'Annibal.

L'origine de la discipline remonte à l'origine des armées;

On la trouve pleine de force dans l'antiquité;

On la voit s'affaiblir au moyen âge;

Puis refleurir avec Gustave-Adolphe. C'est à lui qu'il faut faire remonter la discipline des armées modernes.

En France, Louis XIV, le premier, fit un ensemble de règlements destinés à assurer la discipline de l'armée.

Néanmoins, son époque présente encore de nombreuses violences commises par les gens de guerre.

Depuis Louis XIV, la discipline est devenue chaque jour plus forte et meilleure.

Examinons les principes généraux de la discipline moderne.

La discipline doit se modifier suivant la constitution politique, suivant le caractère des peuples, selon l'esprit du temps, la forme du gouvernement et la direction des lois.

« Aux peuples du Nord, dit Jacquinot de Presle, « qui ont des mœurs rudes, et qui sont habitués à « un gouvernement despotique, il faut une discipline « sévère. »

Telle est la discipline de l'armée russe, qui admet les châtiments corporels, et, pour les officiers, l'exil et la dégradation.

Telle est celle de l'armée autrichienne, nécessaire pour maintenir les Croates, les Dalmates, etc...

Telle est celle encore de l'armée anglaise, dans laquelle, en 1857, d'après *le Times*, 112 militaires ont reçu 5240 coups de fouet.

« Il faut une discipline plus douce aux peuples du « Midi, plus vifs, plus sensibles, doués de plus d'ima- « gination, plus avides de louanges et de distinctions, « et qui sont habitués, sous des gouvernements libé- « raux, à voir sans cesse auprès d'eux l'égide de la loi. »

Telle est la discipline de l'armée française, dont l'honneur et l'opinion sont les principaux mobiles.

L'élévation des sentiments et la dignité des caractères ont exclu dans notre armée les punitions corporelles, qui seraient, du reste, tout à fait incompatibles avec nos mœurs civiles et avec notre état social.

La malheureuse tentative de M. de Saint-Germain pour introduire en France la discipline prussienne sous Louis XVI, en 1775, désaffectionna l'armée et prépara la chute de la monarchie.

L'opinion est pour nous le meilleur moyen de discipline.

« Un chef habile, dit le maréchal Marmont, trou« vera toujours dans l'armée française de fréquentes
« occasions d'utiliser cette ressource. L'éloge et le
« blâme distribués à propos ont souvent suffi à tous
« les besoins. Les récompenses et les punitions ba« sées sur l'opinion ont cela de merveilleux qu'elles
« sont susceptibles de nuances infinies , et qu'elles
« agissent puissamment sur les cœurs généreux. »

Le duc de Richelieu, au siége de Mahon, établit dans son armée une punition de cette espèce, en infligeant pour peine aux ivrognes la privation de monter à l'assaut.

En général, la discipline doit être sévère pour les fautes graves, et mesurée au contraire pour les fautes légères.

Calme, impartiale, prompte, ferme, jamais avilissante, elle doit plutôt prévenir que réprimer.

J'ajouterai que l'exemple a une grande influence sur la discipline, et que l'officier qui donne l'exemple est toujours bien obéi.

L'habitude de la discipline donne à une armée l'esprit militaire, et c'est par l'esprit militaire que l'on exécute de grandes choses, comme les Macédoniens d'Alexandre, comme les légions de César, comme les Suédois de Gustave-Adolphe, comme enfin la grande armée de Napoléon.

« Une armée animée de l'esprit militaire , dit le
« général Clausewitz, n'est jamais ébranlée par des
« craintes imaginaires ; n'oublie jamais l'obéissance,

« ni dans les succès, ni au milieu des désastres de la
« défaite; elle a confiance dans ses chefs; elle sait
« que les fatigues qu'elle éprouve sont des moyens
« de victoire; ses forces physiques sont endurcies
« par l'habitude des privations et des travaux, comme
« les muscles d'un athlète. Enfin, elle est mainte-
« nue dans ses devoirs par l'esprit qui l'anime; esprit
« qu'elle doit à sa discipline. »

Je me résume :

La discipline est l'obéissance de l'inférieur au supérieur.

Elle forme la base de la bonté d'une armée.

Elle varie avec le caractère des différents peuples.

Enfin, elle repose sur deux sentiments opposés, la
crainte et l'espérance.

Crainte des châtiments.

Espoir des récompenses.

De la discipline dépend, par suite, la *justice militaire* qui inflige les punitions.

D'elle dépendent encore, *l'avancement* et les *récompenses* destinés à exciter l'émulation et à rémunérer
les services militaires.

**De la justice militaire.** — Les institutions militaires d'un
peuple comportent toujours une organisation de la
justice militaire.

Il y a d'abord un personnel.

Dans les armées romaines les licteurs et les tribuns
étaient les principaux instruments de la justice militaire.

Au moyen âge, c'étaient le connétable et les séné-
chaux.

Plus tard, le grand prévôt et ses aides.

Aujourd'hui toutes les armées européennes ont un

personnel d'officiers qui sont spécialement attachés à la justice militaire et qui forment les parquets des divers conseils.

En France, ce sont les rapporteurs et les commissaires impériaux.

Dans les armées allemandes, ce sont les auditeurs de régiment ou de garnison.

Quant aux peines, elles varient avec les fautes auxquelles elles s'appliquent.

Dans la justice civile, on reconnaît généralement *des fautes, des délits et des crimes.*

Quoique cette distinction ne soit pas aussi tranchée dans la justice militaire, cependant on reconnaît aussi généralement trois degrés de punitions.

Celles du premier degré sont infligées dans les corps pour fautes légères, comme manque aux appels, absence au service, mauvaise tenue, etc. Elles consistent en consigne, salle de police et prison pour la troupe, — en arrêts simples et arrêts de rigueur pour les officiers.

Celles du deuxième degré sont prononcées par le Ministre, d'après l'avis d'un conseil de discipline ou d'enquête. Pour la troupe, c'est l'envoi dans une compagnie de discipline. Pour un officier, c'est la mise en non-activité.

Enfin, les peines du troisième degré sont prononcées par les conseils de guerre et sont beaucoup plus graves. Elles vont depuis la prison jusqu'à la peine de mort.

Voilà une première conséquence de la discipline, le système de punitions.

La seconde conséquence amène le système d'avancement et de récompenses.

**Système d'avancement et de récompenses.** — Dans toutes les armées européennes, les services militaires sont aujourd'hui récompensés de quatre manières :

    1° Par l'avancement ;
    2° Par les décorations ;
    3° Par les pensions ;
    4° Par les titres honorifiques.

Examinons d'abord l'avancement :

L'avancement répond à une des plus puissantes passions de l'homme, à l'ambition, et en même temps au désir de chaque individu d'améliorer sa position et d'assurer son avenir.

L'avancement est le passage d'un grade à un autre, ou l'obtention d'un grade.

C'est à la fois une récompense et un droit.

Une récompense, quand il a lieu par suite du choix, un droit quand il résulte d'un tour établi.

Jetons un coup d'œil sur ce qu'il fut à diverses époques.

L'art de régler l'avancement dans les armées a toujours été l'objet des méditations des législateurs.

L'histoire nous a transmis les principes suivis dans les armées de la Grèce et de Rome.

Au moyen âge, on ne retrouve plus rien d'écrit ni de formel ; cependant il devait exister évidemment certaines règles et certaines traditions.

On voit, par exemple, Charles V commissionner ses hommes d'armes.

Plus tard Charles VII choisit les chefs de ses compagnies d'ordonnance.

Puis, François 1er donne des patentes à ses capitaines de bandes et d'enseignes qui nomment ensuite eux-mêmes aux divers commandements sous leurs ordres.

Enfin, avec Louis XIV, l'avancement commence à se régulariser.

En 1654, le roi rend une ordonnance qui met l'avancement aux mains du Gouvernement. Cette ordonnance établit les premières règles positives que nous ayons sur la matière; mais ces règles sont encore bien loin des nôtres.

L'avancement a alors pour bases : la faveur royale, l'achat des grades, l'ancienneté et la noblesse.

Les sous-officiers ne peuvent devenir officiers que fort difficilement.

Quant à l'origine des officiers, Louis XIV institue des cadets qui sont destinés à en devenir la pépinière.

Tel était l'avancement sous l'ancien régime.

En 1790, le conseil de la guerre et l'Assemblée constituante font une loi sur l'avancement dont on pouvait se promettre de bons effets.

Mais la révolution vient bouleverser toutes nos institutions aussi bien civiles que militaires.

Puis, quand il fallut reconstruire l'édifice social, nos assemblées républicaines firent sur l'avancement plusieurs lois basées sur l'ancienneté et qui donnèrent d'étranges résultats.

Sous la République, l'avancement ne sortit pas du chaos.

L'Empire consacre enfin les deux modes admis aujourd'hui du choix et de l'ancienneté.

Mais en même temps, dit le général Bardin, il y eut encore à cette époque beaucoup d'arbitraire et peu d'uniformité.

Ce n'est vraiment qu'en 1818 que le maréchal Gouvion-Saint-Cyr posa les bases de l'avancement moderne.

La loi du 10 mars 1818 institua les différents tours et détermina la part du choix et celle de l'ancienneté.

Une seconde loi, celle du 16 avril 1832, rendue sous le ministère du maréchal Soult, est venue depuis remplacer la loi de 1818, mais en conservant les mêmes principes.

Les principes généraux de l'avancement moderne sont à peu près les suivants :

Tout système d'avancement doit être en rapport avec le mode de recrutement, la nature du gouvernement, l'éducation générale du peuple, et enfin avec la constitution politique du pays.

C'est ainsi qu'en France, les sous-officiers fournissent une partie notable des officiers de l'armée, tandis qu'en Angleterre et en Russie, il n'en fournissent qu'une portion fort minime, différence qui provient de la différence du recrutement des trois armées.

Presque partout l'avancement des sous-officiers est laissé au choix des chefs de corps.

Les sous-lieutenants sortent généralement des écoles militaires ou sont pris parmi les sous-officiers qui remplissent certaines conditions.

Ensuite l'avancement a lieu de la manière suivante :

1° A l'ancienneté, afin de respecter les droits acquis et de récompenser les anciens services.

2° Au choix, afin d'exciter l'émulation et de rajeunir l'armée en faisant parvenir promptement les officiers capables. Dans certaines armées étrangères, le choix est remplacé par le concours, afin d'éviter les influences, d'encourager le goût du travail et de récompenser véritablement le mérite.

3° L'avancement a encore lieu à prix d'argent, comme en Angleterre, où les grades s'achètent jusqu'à celui de lieutenant-colonel. Ces grades deviennent ainsi la propriété particulière des officiers, qui peuvent les vendre à leur tour. Ce droit d'acheter un grade s'acquiert par un temps de service très-limité.

4° Enfin l'avancement peut encore être un privilége de la naissance,—ce qui avait lieu en France sous l'ancien régime, et ce qui a encore lieu dans certains pays aristocratiques.

En campagne, on abrége généralement le temps que l'on doit passer dans chaque grade, parce qu'à la guerre l'instruction est plus rapide et meilleure qu'en temps de paix. Néanmoins on ne peut obtenir que deux grades dans une seule campagne, parce que la bravoure qui produit les actions d'éclat ne supplée pas complétement à l'expérience.

Voilà les principes généraux de l'avancement dans les armées européennes.

Après l'avancement vient un second mode de récompenses, *les décorations*.

Chaque pays a un ou plusieurs ordres militaires, et dans chaque ordre il y a ordinairement une hiérarchie analogue à celle qui existe en France, dans la Légion d'honneur, où l'on voit :

Des grands-croix ;
Des grands officiers ;
Des commandeurs ;
Des officiers ;
Et des chevaliers.

Chaque pays a de plus des médailles militaires, qui servent de récompenses, ou qui servent à perpétuer le souvenir d'événements remarquables.

Puis, comme troisième mode de récompenses militaires, nous trouvons les *pensions*.

Il y a d'abord des pensions pour faits de guerre, comme celle du maréchal Pélissier et comme les pensions accordées par le Parlement d'Angleterre à la suite de la guerre des Indes.

Il y a ensuite les pensions de retraite. Celles-ci sont à la fois une récompense et un droit.

En France, elles imposent une lourde charge au Trésor.

En Prusse et en Russie, les pensions de retraite sont minimes, parce que le Gouvernement réserve aux anciens militaires une grande partie des emplois civils.

En Angleterre, il n'y a pas de pension de retraite, en raison de la vente des grades.

Enfin viennent comme récompenses militaires les titres honorifiques: ceux de prince, de duc, de comte, de baron..... Comme du temps du premier Empire. Comme de nos jours, les ducs de Malakoff et de Magenta en France. Comme en Angleterre les lords faits à la suite de la guerre de l'Inde. Comme en Russie, les titres accordés aux vainqueurs de Varsovie, des Turcs, et enfin tout récemment du Caucase.

En résumé, l'avancement, les décorations, les pensions et les titres honorifiques forment, dans toutes les armées européennes, le système des récompenses militaires.

### III.

**De l'administration.**—Administrer une armée, c'est pourvoir à ses besoins matériels et régler en même temps le compte des dépenses qu'elle occasionne.

L'antiquité nous a laissé sous ce rapport peu de règles écrites.

Le moyen âge ne nous rappelle que des temps de violence, de spoliation et de pillage.

C'est à Sully qu'il faut faire remonter les premiers essais d'administration militaire en France.

Plus tard Louis XIV créa les intendants d'armée, les commissaires des guerres, et c'est à cette époque que se rattache véritablement l'administration des armées modernes.

Aujourd'hui l'administration militaire est une des deux branches des attributions du ministère de la guerre.

La première de ces branches est le commandement.

La seconde est l'administration.

L'administration est exercée en France par les membres de l'intendance ; chez les puissances étrangères, par des commissaires.

Les principes généraux de l'administration sont à peu près les mêmes dans toute l'Europe, parce que les besoins des armées sont partout les mêmes.

Il y a seulement des différences dans la manière d'appliquer ces principes, parce que les ressources des divers peuples ne sont pas égales, parce que tous les gouvernements n'ont pas les mêmes moyens financiers, et enfin parce que l'industrie privée est plus ou moins avancée et a plus ou moins d'initiative.

L'administration fournit aux divers besoins de l'armée, à sa nourriture, son habillement, son chauffage, ses transports, son service de santé, etc...

Par suite, elle met en action les divers services administratifs qui sont les suivants :

Le service des vivres ;
Le service des fourrages ;
Le service des hôpitaux ;
Le service de l'habillement et du campement ;
Le service des transports militaires ;
Le service des bâtiments et établissements ;
Le service de marche, etc.

L'administration forme le cinquième élément du système militaire d'un peuple. Le sixième est formé par l'ensemble des moyens d'instruction.

## IV.

**De l'instruction.** — L'instruction, en général, est la connaissance des devoirs que l'on a à remplir dans la profession que l'on exerce.

Pour l'état militaire, l'instruction est la connaissance des manœuvres sous le rapport théorique et sous le rapport pratique; c'est en même temps la connaissance des divers règlements et ordonnances relatifs aux devoirs du métier, tels que le service intérieur, le service des places, le service en campagne, etc...

On peut dire encore que l'instruction militaire pour chaque grade n'est autre chose que la manière de se servir des instruments de guerre mis à sa disposition.

Pour le soldat, ce sera l'escrime de son arme.

Pour l'officier, ce sera la manière de faire combattre l'unité qu'il commande, et en même temps de l'instruire et de l'administrer.

Pour le général enfin, l'instruction militaire embrassera toutes les parties de l'art de la guerre, tous les principes relatifs à l'organisation des armées et à leur mise en action.

L'instruction militaire se fait au moyen des cadres.

Elle commence à l'instruction individuelle, qui apprend au soldat à marcher le pas militaire et à manier son arme régulièrement.

Elle comprend ensuite les écoles de peloton, de bataillon, de tirailleurs.

En même temps on fait exécuter aux soldats quelques exercices gymnastiques et le tir à la cible.

On cherche à rendre les hommes adroits, lestes et vigoureux.

« Le soldat maladroit, dit Végèce, n'est jamais « qu'un conscrit, quelle que soit son ancienneté. »

Enfin viennent les évolutions de ligne et les manœuvres des trois armes.

Voilà la progression généralement adoptée pour l'instruction militaire.

En même temps, on s'occupe de l'instruction intellectuelle, et dans toutes les armées européennes on trouve des écoles de divers degrés :

> Écoles régimentaires ;
> Écoles de cadets ou de divisions ;
> Écoles militaires ;
> Écoles d'application, etc....

L'examen des méthodes d'instruction forme une partie importante de l'étude du système militaire d'un peuple.

J'ajouterai que la meilleure manière d'instruire les troupes et de les préparer à la guerre est de les placer dans les camps.

C'est au camp de Boulogne que la grande armée de Napoléon s'était préparée aux manœuvres de 1805, 1806 et 1807, et aux batailles d'Austerlitz, d'Iéna et de Friedland.

« Les camps seuls, dit le maréchal Marmont, don-

« nent aux troupes, pendant la paix, les habitudes et
« l'instruction qui leur conviennent.

« Je voudrais que des camps permanents fussent for-
« més dans des provinces qui n'ont qu'une culture misé-
« rable, comme la Champagne, et qu'un baraquement
« durable y fût disposé pour recevoir 30,000 hommes;
« pendant trois mois, au moins, les mêmes troupes
« l'occuperaient, etc..... »

L'Empereur, en créant le camp de Châlons, a réa-
lisé le vœu du maréchal.

Les camps ne sont pas seulement excellents pour
l'instruction des troupes. Ils le sont encore pour leur
esprit, leur discipline, leur santé, leurs forces physiques, en un mot pour tous les détails de leur éducation militaire.

C'est le moyen d'aguerrir de jeunes troupes. C'est
celui de rétablir la discipline parmi de vieilles légions
qui l'ont perdue.

Caton, appelé au commandement de l'armée d'Espagne, la trouve disséminée dans les villes, inactive,
livrée à des débauches de toute espèce.

Il la fait camper ; il accable ses soldats des plus rudes travaux : « Romains indignes, leur dit–il, jusqu'à
« ce que vous sachiez vous laver dans le sang, je
« vous laverai dans la boue. »

<h2 style="text-align:center">V.</h2>

**Des établissements militaires**. — J'arrive à la septième et
dernière partie de l'étude d'un système militaire,
c'est–à–dire aux établissements du matériel.

Ces établissements correspondent aux divers besoins de l'armée.

Il faut, en effet, des magasins pour la conservation

des approvisionnements de toute espèce : vivres, fourrage, chauffage, habillement, campement, etc...

Il faut des manutentions pour la fabrication du pain et du biscuit;

Des hôpitaux pour soigner les malades ;

Des établissements disciplinaires pour l'application des peines militaires, tels que : ateliers de travaux publics, pénitenciers, prisons, etc...

Il faut des casernes pour le logement des troupes; des champs de manœuvre pour leur instruction.

Un État possédera encore, pour les besoins de son armée :

Des manufactures d'armes ;
Des fonderies de canons ;
Des arsenaux.

Ici se rattache la question de l'armement des troupes, question qui a une grande importance et sur laquelle il faudrait s'étendre, si l'on devait présenter le tableau des institutions militaires d'une puissance étrangère. Elle rentre dans le domaine du cours d'artillerie.

L'on trouvera encore, dans les établissements militaires d'un État :

Des poudreries pour la fabrication de la poudre;

Des ateliers de pyrotechnie pour la confection des artifices de guerre ;

Des capsuleries pour les capsules ;
Des hôtels pour les généraux ;
Un ministère et un dépôt de la guerre ;
Des écoles militaires ;
Des forges ;
Des établissements d'invalides ;
Des parcs de construction ;

Des corps de garde ;

Des dépôts de remonte ;

Des locaux affectés aux tribunaux militaires ;

Enfin des places fortes qui assurent la défense du territoire.

Ici se rattache la question de l'organisation défensive du pays, dont on étudie le système militaire.

Question importante, mais qui rentre dans le domaine du cours de fortification.

Quoi qu'il en soit, l'ensemble des établissements que je viens d'indiquer forme la richesse militaire d'une nation, et en même temps le septième élément de ses institutions militaires.

Je termine ici l'étude des principes généraux qui servent de bases au système militaire moderne.

Dans les prochaines leçons, nous verrons l'application de ces mêmes principes chez les grandes puissances de l'Europe, et nous retrouverons chez chacune d'elles les sept éléments que nous venons d'étudier.

# CINQUIÈME LEÇON.

Système militaire de l'Empire français.—Considérations générales.
Organisation de l'armée permanente. — Troupes. — États-majors.
Réserves. — Divers autres éléments de nos institutions militaires.

## I.

Nous allons voir comment les principes généraux des systèmes militaires modernes, que nous avons étudiés dans les leçons précédentes, ont été appliqués chez les différentes puissances de l'Europe.

Pour cela, je vais vous présenter successivement le tableau des institutions militaires de la France, de la Prusse, de l'Autriche et de la Russie d'une manière aussi complète que me le permettront les différents documents que j'ai pu rassembler.

A la leçon sur le système militaire de l'Autriche, j'ajouterai un mot sur l'organisation de l'armée de la Confédération germanique et sur celle de l'armée piémontaise.

A la leçon sur le système militaire de la Russie, j'ajouterai quelques renseignements sur l'organisation de l'armée britannique.

De manière à faire connaître l'ensemble des forces militaires de l'Europe.

Je commencerai pour chaque puissance par indiquer :

La forme de son gouvernement ;

Le chiffre de sa population ;

L'état de ses finances ;

La nature de ses frontières ;

Enfin les différents éléments sur lesquels repose la force d'un État.

Puis, après ces considérations générales, je suivrai pour les institutions militaires proprement dites, la marche que j'ai suivie dans les chapitres précédents pour l'étude des systèmes militaires en général.

**Système militaire de l'Empire français. — Considérations générales.** — La forme du gouvernement en France est celle d'un empire constitutionnel.

L'Empereur, élu par le suffrage universel, gouverne avec la Constitution de 1852, imitée de celle de l'an VIII.

La population de la France, d'après le recensement de 1856, est de 36,039,364 habitants.

Le budget de 1860 présente pour les dépenses une somme de 1,824,957,778 fr., et pour les recettes une somme de 1,825,854,379 fr.

La dette est d'environ 8 milliards, mais néanmoins, le crédit du Gouvernement en France est considérable. On en a eu la preuve dans les emprunts de la guerre d'Orient et dans l'emprunt tout récent de la guerre d'Italie. Pour ce dernier, le Gouvernement demandait 500 millions. Les souscriptions ont atteint 2 milliards 500 millions.

Les frontières de la France, sauf celles du Nord, sont dessinées par la nature et couvertes par des obstacles respectables. L'annexion de Nice et de la Savoie nous a donné vers l'Italie notre frontière naturelle et a complété notre territoire. Il n'y a que deux puissances en Europe mieux partagées que la France sous le rapport des frontières, savoir : l'Angleterre et l'Espagne.

Nous formons un État compact, homogène, dont

tous les habitants parlent la même langue, professent la même religion et sont habitués depuis longtemps à vivre sous un même souverain.

La nation française est parvenue à un haut degré de civilisation ; elle est riche, industrieuse, sensible à la gloire militaire et éminemment belliqueuse.

L'armée française est la mieux fractionnée, la plus mobile et la mieux recrutée de toutes les armées européennes.

Nos institutions militaires nous donnent une grande importance, une grande force et une influence considérable sur les affaires du monde.

Nous allons examiner ces institutions en détail.

La force publique en France présente trois éléments principaux :

L'armée permanente ;

La réserve de cette armée ;

La garde nationale.

Occupons-nous d'abord de l'armée permanente.


## II.


**Armée permanente.** — L'armée permanente a aujourd'hui un effectif de 600,000 hommes sur le pied de guerre.

Sur le pied de paix elle est de 300 à 350,000 hommes.

Sa réserve est alors forte de 250 à 300,000 hommes.

L'armée permanente est organisée de la manière suivante :

L'Empereur en est le chef. Il a autour de lui une

maison militaire, composée de ses aides de camp et de ses officiers d'ordonnance.

Puis vient le Ministre de la guerre, chargé de tous les détails d'organisation et d'administration de l'armée.

Nous trouvons ensuite l'état-major général, comprenant :

    6 maréchaux de France, en temps de paix ; 12 en temps de guerre ;

    80 généraux de division ;

    160 généraux de brigade.

Ces trois classes de généraux sont destinées à commander les grandes fractions de l'armée : armées, corps d'armée, divisions et brigades.

Dans plusieurs armées européennes, il y a des généraux spéciaux pour les corps d'armée. Il n'y en a pas en France. Nos corps d'armée sont commandés par des maréchaux ou par des généraux de division.

Le maréchal Marmont regrette cette disposition :

« Il est difficile, dit-il, d'obtenir une subordination « parfaite entre officiers du même grade. »

Après l'état-major général, vient le corps d'état-major. Il comprend 580 officiers :

    35 colonels ;

    35 lieutenants-colonels ;

    110 chefs d'escadron ;

    300 capitaines ;

    100 lieutenants.

L'état-major général et le corps d'état-major forment la tête de l'armée et se lient à toutes les armes.

C'est le cadre des grandes unités, brigades, divisions et corps d'armée.

Passons aux troupes.

Nous trouvons d'abord l'escadron des cent-gardes, destiné à la garde particulière de l'Empereur.

**Garde impériale.** — Puis vient la garde impériale. Il y a une garde dans presque toutes les organisations militaires.

La Russie a un corps d'armée présentant plus de 50,000 hommes.

La garde royale d'Angleterre est une troupe magnifique.

Les gardes allemandes, celles d'Espagne, celles des puissances du Nord sont composées de troupes choisies.

En Autriche, il n'y a pas de garde proprement dite, mais il y a vingt bataillons de grenadiers qui en jouent le rôle.

La garde impériale en France se compose de deux divisions d'infanterie et d'une division de cavalerie.

Elle a été créée par décret du 1ᵉʳ mai 1854 et réorganisée par un second décret du 20 décembre 1855.

La 1ʳᵉ division d'infanterie comprend :

1 régiment de gendarmerie à pied ;
3 régiments de grenadiers ;
1 régiment de zouaves.

La 2ᵉ division comprend :

4 régiments de voltigeurs ;
1 bataillon de chasseurs à pied.

Chaque division forme deux brigades.

La division de cavalerie en forme trois ; elle comprend :

1 escadron de gendarmerie ;
2 régiments de cuirassiers ;
1 régiment de dragons ;
1 régiment de lanciers ;
1 régiment de chasseurs ;
1 régiment de guides.

Il y a de plus dans la garde.

1 régiment d'artillerie à pied à six batteries ;
1 régiment d'artillerie à cheval à huit batteries ;
1 escadron du train d'artillerie ;
2 compagnies du génie ;
1 escadron du train des équipages.

La garde impériale représente ainsi un corps d'armée d'élite de 25 à 30,000 hommes comme en Russie, comme en Prusse.

Nous arrivons à l'organisation des troupes de ligne. Commençons par l'infanterie.

**Infanterie.** — L'organisation des différents corps d'infanterie a été réglée par l'ordonnance du 8 septembre 1841.

L'infanterie française se compose de :

103 régiments de ligne ;
20 bataillons de chasseurs à pied ;
3 régiments de zouaves ;
3 bataillons d'infanterie légère d'Afrique ;
6 compagnies de fusiliers de discipline ;
2 compagnies de pionniers de discipline ;
2 régiments étrangers ;
3 régiments de tirailleurs algériens ;
1 compagnie de sous-officiers vétérans ;
1 compagnie de fusiliers vétérans.

Examinons l'organisation d'un régiment d'infanterie.

Chaque régiment comprend quatre bataillons à six compagnies.

L'état-major du régiment se compose de :

1 colonel ;
1 lieutenant-colonel ;
3 chefs de bataillon ;
1 major ;
4 capitaines adjudants-majors ;

1 capitaine trésorier ;
1 capitaine d'habillement ;
1 adjoint au trésorier ;
1 porte-drapeau, adjoint à l'habillement ;
1 médecin-major ;
2 aides-majors ;
1 chef de musique, ayant rang de sous-lieutenant.

Le petit état-major comprend :

4 adjudants ;
1 tambour-major ;
3 caporaux tambours ;
1 caporal sapeur ;
1 sous-chef de musique ;
1 vaguemestre.

L'état-major ou le cadre d'une compagnie comprend :

1 capitaine,
1 lieutenant,  officiers ;
1 sous-lieutenant,
1 sergent-major,
1 fourrier,  sous-officiers ;
4 sergents,
1 caporal fourrier ;
8 caporaux.

La compagnie a 50 ou 60 hommes en temps de paix et 100 à 120 hommes en temps de guerre.

Dans les chasseurs à pied, l'état-major d'un bataillon se compose de :

1 chef de bataillon ;
1 capitaine-major ;
1 capitaine adjudant-major ;
1 capitaine instructeur de tir ;
1 lieutenant trésorier ;
1 sous-lieutenant officier d'habillement ;
1 médecin-major ;
1 médecin aide-major.

Le petit état-major comprend :

1 adjudant ;
1 sergent-clairon ;
1 caporal-clairon.

Le cadre d'une compagnie de chasseurs à pied est le même que celui d'une compagnie d'infanterie, sauf l'addition d'un sous-officier, le sergent instructeur de tir.

Telle est l'organisation de l'infanterie.

**Cavalerie.** — Son organisation est réglée par la même ordonnance que celle de l'infanterie.

La cavalerie française se compose de :

2 régiments de carabiniers ;
10 régiments de cuirassiers ;

Formant la cavalerie de réserve.

12 de dragons ;
8 de lanciers ;

Formant la cavalerie de ligne.

12 de chasseurs ;
8 de hussards ;
3 de chasseurs d'Afrique ;
3 de spahis.

Formant la cavalerie légère.

Il y a de plus dix compagnies de cavaliers de remonte pour le service des remontes.

Chaque régiment de cavalerie comprend six escadrons.

L'état-major du régiment se compose de :

1 colonel ;
1 lieutenant-colonel ;
3 chefs d'escadron ;
1 major ;
1 capitaine instructeur ;

3 adjudants-majors ;
1 capitaine trésorier ;
1 adjoint au trésorier ;
1 capitaine d'habillement ;
1 sous-lieutenant, porte-étendard, adjoint à l'habillement ;
1 médecin-major ;
2 médecins aides-majors,
1 vétérinaire en premier ;
1 chef de musique.

Le petit état-major du régiment comprend :

3 adjudants sous-officiers ;
1 adjudant vaguemestre ;
1 vétérinaire en deuxième ;
1 sous-chef de musique.

Le cadre d'un escadron comprend :

1 capitaine commandant,
1 capitaine en deuxième,
2 lieutenants,    officiers.
3 sous-lieutenants,
1 maréchal des logis chef,
1 maréchal des logis fourrier,    sous-officiers.
6 maréchaux des logis,
1 brigadier-fourrier ;
12 brigadiers.
100 à 120 hommes avec 75 à 100 chevaux sur le pied de paix.
150 à 175 hommes avec 125 à 150 chevaux sur le pied de guerre.

Dans les spahis, la moitié des lieutenants et des sous-lieutenants est formée d'officiers indigènes.

Les cadres de la cavalerie sont plus nombreux que ceux de l'infanterie, en raison d'une surveillance plus étendue, et parce que dans la cavalerie les officiers sont des combattants.

**Artillerie.** — L'organisation du corps de l'artillerie a été déterminée par le décret du 14 février 1854.

L'artillerie comprend d'abord un état-major particulier composé de :

8 généraux de division ;
16 généraux de brigade ;
50 colonels qui commandent les régiments ou les établissements ;
50 lieutenants-colonels.

Les troupes d'artillerie comprennent :

5 régiments d'artillerie à pied ;
1 régiment de pontonniers ;
7 régiments d'artillerie montée ;
4 régiments d'artillerie à cheval ;

Il y a de plus :

12 compagnies d'ouvriers d'artillerie ;
2 compagnies d'armuriers d'artillerie ;
4 compagnies de canonniers vétérans.

Le décret du 20 février 1860 vient de modifier cette organisation.

Il a créé vingt batteries à pied, réparties dans les régiments à pied, à raison de quatre par régiment, et trois nouveaux régiments montés, qui ont pris les numéros 14, 15 et 16.

Les quatre régiments à cheval ont pris les numéros 17, 18, 19 et 20.

Il y a donc maintenant vingt régiments d'artillerie dans la ligne.

Il n'y a plus de cadres de dépôts, de batteries de parc ni de canonniers conducteurs.

Le train d'artillerie a été rétabli ; il comprend six escadrons à cinq compagnies.

Ces six escadrons ont les mêmes garnisons que les six régiments à pied ; ils serviront à l'organisation des parcs.

L'état-major d'un régiment d'artillerie comprend :

1 colonel ;
1 lieutenant-colonel ;
8 chefs d'escadron ;
1 major ;
1 trésorier ;
1 capitaine instructeur ;
2 adjudants-majors ;
1 officier d'habillement ;
1 adjoint au trésorier ;
1 médecin-major ;
2 aides-majors ;
1 vétérinaire ;
1 chef de musique.

Le petit état-major comprend :

3 adjudants ;
1 vaguemestre ;
1 sous-chef de musique.

Le cadre d'une batterie se compose de :

1 capitaine commandant ;
1 capitaine en deuxième ;
1 lieutenant en premier ;
1 sous-lieutenant ou lieutenant en deuxième.

Il y a 16 batteries dans les régiments à pied ;
10 dans les régiments montés ;
8 dans les régiments à cheval.

Voilà l'organisation des trois armes principales, de celles qui forment les *corps de ligne*.

Passons aux *corps hors ligne*.

Génie. — Le génie se compose d'abord d'un état-major qui comprend :

4 généraux de division ;

        8 généraux de brigade ;
       26 colonels ;
       26 lieutenants-colonels ;
      108 chefs de bataillon ;
      150 capitaines en premier ;
      150 capitaines en deuxième et lieutenants.

Le plus grand nombre de ces officiers sont employés comme officiers d'état-major du génie.

Les autres sont employés comme officiers de troupe dans les trois régiments de l'arme.

Chacun de ces régiments est à deux bataillons.

**Gendarmerie.** — Il y a en France vingt-six légions de gendarmerie, correspondant à vingt-six arrondissements.

Il y a de plus la garde de Paris à pied et à cheval.

Plus encore un bataillon de voltigeurs corses et les sapeurs-pompiers de Paris.

**Troupes d'administration.** — Ces troupes forment quatorze sections, dont une d'ouvriers d'art et treize d'ouvriers d'exploitation, infirmiers, boulangers, etc.

Il faut joindre à ces troupes, le corps des équipages militaires, comprenant cinq escadrons formés chacun de quatre compagnies, plus quatre compagnies d'ouvriers, employés dans les parcs de construction et de réparation.

Tels sont les corps hors ligne.

**États-majors et services administratifs.** — Nous avons déjà vu l'*état-major général* et le *corps d'état-major*, qui forment la tête de l'organisation.

Nous trouvons ensuite,

*L'état-major des places* qui comprend :

146 commandants de place de diverses classes ;
10 majors de place ;
163 adjudants de place ;
24 secrétaires-archivistes divisionnaires ;
9 secrétaires-archivistes de place ;
5 aumôniers.

Total : 357 officiers.

*Le corps de l'intendance*, chargé de l'administration de l'armée et qui comprend :

8 intendants généraux inspecteurs ;
26 intendants militaires ;
50 sous-intendants de 1re classe ;
100 sous-intendants de 2e classe ;
56 adjoints de 1re classe ;
24 adjoints de 2e classe ;

Total : 264 officiers.

*Le service de santé*, qui comprend des médecins et des pharmaciens, savoir :

8 inspecteurs dont 7 médecins et 1 pharmacien ;
90 principaux dont 45 de 1re classe et 45 de 2e ;
441 majors de 1re et de 2e classe, répartis dans les hôpitaux et dans les régiments ;
900 aides-majors employés de même ;
460 sous-aides.

Total : 2,000 officiers de santé environ.

Enfin, les *officiers d'administration*, dont 350 des hôpitaux, 80 de l'habillement et du campement, 400 des subsistances et 400 des bureaux de l'intendance.

Chacun de ces services présente la hiérarchie suivante :

1° Des officiers principaux ;
2° Des comptables de 1re et de 2e classe ;
3° Enfin des adjudants de 1re et de 2e classe.

Telle est l'organisation de l'armée permanente.

## III.

**Système de réserves.** — Notre système de réserves comporte :

La réserve de l'armée,

Et la garde nationale.

La réserve de l'armée comprend des jeunes gens du contingent qui n'ont pas encore rejoint, et des hommes qui sont renvoyés en congé illimité après deux ans de service.

Elle est administrée et surveillée par les *dépôts de recrutement et de réserve* qui forment une espèce de cadre sédentaire.

Ces dépôts sont de deux classes, et chacun d'eux comprend deux officiers.

Les dépôts de première classe sont commandés par un officier supérieur avec un capitaine pour adjoint.

Les dépôts de deuxième classe sont commandés par un capitaine, avec un lieutenant pour adjoint.

Il y a de plus deux sous-officiers attachés à chaque dépôt.

Pour la garde nationale, comme nous l'avons vu, elle se divise en deux bans.

Garde nationale active,

Et garde nationale sédentaire.

L'organisation de la garde nationale complète l'organisation militaire de la France ; elle en fait, suivant l'expression de Napoléon, « une nation maçonnée « à chaux et à sable, capable de défier l'effort des « hommes et du temps. »

## IV.

**Divers autres éléments du système militaire de la France.** — Examinons les autres éléments de nos institutions militaires.

D'abord le recrutement.

Il se fait en France par appels, engagements volontaires et rengagements.

L'âge de l'appel est de vingt ans.

La durée du service de sept ans.

Le contingent annuel en temps ordinaire est de 100,000 hommes.

L'âge moyen de nos soldats est le meilleur, de vingt à vingt-cinq ans. En Crimée, nos régiments ainsi composés ont mieux résisté aux fatigues et aux maladies que les gardes anglaises formées d'hommes plus âgés.

De plus, le recrutement français donne dans de justes proportions des ouvriers et des cultivateurs. Par suite, notre armée est aussi capable de compléter par son industrie son établissement dans les camps, que de remuer de la terre, pour élever des ouvrages de défense.

L'armée russe ne comprend que des serfs cultivateurs. Tous les serfs qui ont une industrie sont gardés par leurs seigneurs. Par suite, l'armée russe sait remuer la terre comme elle l'a prouvé à Sébastopol, mais elle n'est pas industrieuse.

L'armée anglaise, qui se recrute surtout dans le peuple des villes, ne sait pas manier comme la nôtre la pelle et la pioche.

Pour les remontes, je vous en ai précédemment indiqué le système.

Nous avons treize dépôts de remonte, dont plusieurs ont des succursales. Le dépôt de Tarbes, par exemple, en a six.

Il y a trois de ces dépôts en Afrique, plus trois haras pour les étalons.

**Discipline et justice militaires.** — La discipline de l'armée française est douce et facile. C'est une des meilleures de l'Europe.

L'organisation de la justice militaire comporte des conseils de discipline pour les soldats et des conseils d'enquête pour les officiers, qui sont temporaires et que l'on rassemble seulement au moment du besoin.

Elle comporte aussi des conseils de guerre et des conseils de révision qui sont organisés d'une manière permanente.

Les membres des divers parquets, *rapporteurs* et *commissaires du Gouvernement*, sont généralement des officiers en retraite.

Les juges sont pris dans l'armée parmi les officiers en activité.

**Avancement et récompenses.** — L'avancement a lieu de deux manières: au choix et à l'ancienneté.

Les autres récompenses sont : la décoration de la Légion d'honneur, la médaille militaire, les pensions et les titres.

**Administration.** — En vous parlant de l'administration en général, je vous ai indiqué les principes du système administratif français.

Du reste, il y a à l'école un cours d'administration, qui vous donne sur ce sujet tous les détails nécessaires.

**Instruction.** — Je vous ai parlé de même du système

d'instruction, appliqué dans les régiments, soit pour l'instruction intellectuelle, soit pour l'instruction militaire.

Nous avons de plus comme établissements d'instruction :

1° L'École polytechnique ;

2° L'École de Saint-Cyr ;

3° Le collége de La Flèche destiné à l'instruction des fils d'officiers et de sous-officiers sans fortune ;

4° L'école de tir de Vincennes destinée à répandre dans l'armée l'instruction du tir. Chaque année, on y envoie un officier par régiment et par bataillon de chasseurs à pied ;

5° L'école normale de gymnastique, qui forme également pour l'instruction des régiments, des officiers et sous-officiers instructeurs ;

L'école de médecine et de pharmacie, qui a pour objet d'assurer le recrutement du service de santé militaire ;

7° Les écoles vétérinaires instituées dans un but analogue ;

8° Enfin, les 3 écoles d'application ; d'état-major, d'artillerie et du génie, et de cavalerie.

La première, l'école d'état-major, placée à Paris, à portée du Dépôt de la guerre et de nos plus grands établissements militaires, a pour objet d'assurer le recrutement du corps d'état-major.

La seconde, l'école d'application d'artillerie et du génie, placée à Metz, à portée des grands établissements de ces deux armes, a également pour but d'assurer le recrutement de leurs cadres.

Enfin, la troisième, celle de cavalerie, placée à Saumur, recevant à la fois des officiers, des sous-officiers et des cavaliers, est destinée à répandre dans l'armée les connaissances hippiques, l'habitude du cheval et les meilleures méthodes d'instruction.

**Établissements du matériel**. — Nous arrivons au septième et dernier élément de notre système militaire, aux établissements du matériel.

Sous ce rapport, la France est une des nations les plus riches de l'Europe.

Elle possède :

1° Des hôtels pour les ministres et les officiers généraux ;
2° Un hôtel des invalides ;
3° Des établissements pour les diverses écoles dont j'ai parlé plus haut ;
4° Un dépôt central de l'artillerie à Saint-Thomas-d'Aquin ;
5° 13 écoles d'artillerie à Metz, Strasbourg, Douai, etc.
6° 26 directions d'artillerie ;
7° 4 manufactures d'armes à Paris, Châtellerault, Saint-Étienne et Tulle ;
8° Des forges divisées en 7 inspections, forges civiles surveillées par des officiers d'artillerie ;
9° 3 fonderies, à Douai, Strasbourg et Toulouse ;
10° 14 poudreries et 5 raffineries de salpêtre ;
11° 1 capsulerie à Paris ;
12° 1 école de pyrotechnie à Metz.

Ces divers établissements, depuis le n° 4 jusqu'au n° 12, dépendent du service de l'artillerie.

Les établissements du génie sont :

1° L'arsenal du génie à Metz ; mal placé pour une guerre défensive ;
2° Les 3 écoles régimentaires de Metz, Arras et Montpellier ;
3° Le dépôt des fortifications et la galerie des plans reliefs à Paris.

Dans presque toutes nos villes de garnison, et il y en a en France 2834, nous avons des casernes dont l'ensemble peut contenir 300,000 hommes et 60,000 chevaux.

Dans les garnisons un peu considérables, il y a des hôpitaux, des magasins, des prisons, etc...

Enfin la France possède de nombreuses places fortes qui assurent la défense du territoire.

Tel est le tableau du système militaire français.

C'est en le voyant à l'œuvre que l'on peut juger la valeur d'un système militaire.

Le nôtre vient d'être éprouvé tout récemment dans deux circonstances remarquables. L'on peut dire qu'il s'y est montré supérieur aux autres systèmes européens. Et si on le compare à ceux des temps antérieurs, je crois qu'il est encore de même. Aucun des siéges du grand roi ne vaut certainement celui de Sébastopol, et la campagne de 1859 peut soutenir le parallèle avec une grande partie de celles de l'Empire, quant à la manière dont elle a été organisée, constituée et dirigée.

# SIXIÈME LEÇON.

Système militaire de la Prusse. — Considérations générales.

Organisation de l'armée permanente. — Infanterie. — Cavalerie. — Artillerie. — États-majors et corps hors ligne.

Des réserves. — Landwehrs et landsturm. — Organisation d'ensemble et force numérique de l'armée prussienne.

Suite du système militaire prussien.

Avantages et inconvénients de ce système.

## I.

**Considérations générales.** — La Prusse compte au nombre des grandes puissances de l'Europe ; elle le doit à son armée.

Au XVIII<sup>e</sup> siècle, l'armée de Frédéric II créa la monarchie.

Au XIX<sup>e</sup> siècle, en 1813, 1814 et 1815, l'armée prussienne rétablit ce pays dans le rang que lui avait enlevé la bataille d'Iéna.

La population de la Prusse est d'environ 17 millions d'habitants.

La forme de son Gouvernement est une monarchie constitutionnelle.

Son budget pour 1858, présentait un revenu de 126,409,778 thalers, c'est-à-dire environ 500 millions de francs.

Je ferai observer ici que, pour comparer entre eux les budgets des diverses puissances, il faudrait connaître non-seulement le budget général de chacune d'elles, mais encore les budgets départementaux ou provinciaux, car certaines dépenses, portées en France au compte de l'État, sont portées chez les puissances étrangères au compte des provinces.

Les frontières de la Prusse sont très-découpées, très-générales, ne présentent pas d'obstacles naturels et sont désavantageuses pour la défense du territoire. — La longueur de la Prusse du Niémen à la Moselle est de plus de 1200 kilomètres; sa largeur moyenne est d'environ 150 kilomètres et, par suite, sa forme générale est défavorable.

« La monarchie prussienne, dit le maréchal Mar« mont, n'a point de frontières défensives. Vulnérable « partout, elle peut être attaquée par son milieu et « coupée en deux par un premier succès. Elle doit « donc pouvoir se défendre dans chacune de ses par« ties. Le pays doit être considéré comme un camp et « la nation doit pouvoir se transformer en une armée. »

La Prusse a encore d'autres désavantages. Sa population n'est pas homogène. Les provinces du nord contiennent plus de deux millions de Slaves, opposés de mœurs et de langage aux Allemands.

Il y a de plus diversité de religion. On y trouve des protestants, des catholiques et beaucoup de juifs.

La constitution de la Prusse en État remonte seulement au XVIII° siècle. La province de Posen a été alors démembrée de la Pologne pour être jointe à la Prusse. Plus tard, la Poméranie a été prise à la Suède. En 1815, la province de Magdebourg a été arrachée à la Saxe. La Westphalie et la province rhénane à la France impériale.

La Prusse n'est donc pas homogène comme la France et elle ne possède pas d'aussi grandes ressources. Néanmoins elle compte parmi les cinq grandes puissances de l'Europe par l'usage qu'elle sait faire de ces ressources et par l'habileté avec laquelle elle en dispose.

Elle y compte encore par l'influence qu'elle exerce sur les petits états protestants qui l'avoisinent, qui la soutiennent dans la Confédération, qui ont la même organisation militaire, dont les officiers sortent des mêmes écoles et qui s'attachent à la Prusse, comme à la grande puissance allemande protestante.

L'organisation militaire actuelle de la Prusse date de 1812.

A cette époque, après la campagne de Russie, la Prusse prend parti contre nous.

Elle était alors réduite à la moitié de sa population, affaiblie par les revers qu'elle avait essuyés, épuisée d'argent, n'ayant qu'une armée de 42,000 hommes. Elle parvient cependant à mettre en campagne en trois mois, par la bonne organisation de ses réserves, 130,000 hommes et 200 bouches à feu. A la reprise des hostilités, après l'armistice de Dresde, n'ayant encore recouvré aucune de ses provinces, elle eut 250,000 hommes et 432 bouches à feu.

Ce spectacle attira les yeux de l'Europe entière et, depuis cette époque, l'organisation de l'armée prussienne est regardée comme un type excellent pour la guerre défensive.

Pendant la guerre d'Italie, la Prusse ne prit que des demi-mesures.

Elle menaça la France, sans secourir l'Autriche.

Elle irrita la première de ces deux puissances, sans satisfaire la seconde.

Le territoire prussien est divisé en deux parties

principales : l'une orientale sur les bords de la Baltique, l'autre occidentale, sur les bords du Rhin.

La première partie comprend six provinces, la seconde en comprend deux.

Les premières sont : 1° celle de Prusse ; 2° celle de Posen ; 3° celle de Brandebourg ; 4° celle de Poméranie ; 5° celle de Silésie ; et 6° celle de Saxe.

Les deux autres sont celle de Westphalie et la province rhénane.

Ces provinces correspondent aux grandes divisions de l'armée, qui forme huit corps, un par province.—Chaque province est divisée en départements de régence qui correspondent aux divisions. Chaque département de régence est divisé en arrondissements qui correspondent aux brigades et aux régiments, de sorte que la division du territoire correspond exactement aux divisions de l'armée.

Les villes principales sont : Berlin , Kœnigsberg, Graudenz, Thorn, Dantzig, Posen, Postdam, Spandau, Custrin, Francfort, Stettin, Colberg, Stralsund. Breslau, Schweidnitz, Glatz, Neisse, Glogau, Magdebourg, Torgau, Wittemberg, Erfurth, Dusseldorf, Cologne, Coblentz et Munster.

## II.

**Organisation militaire de la Prusse.** — La force publique comprend tous les hommes en état de porter les armes depuis vingt ans jusqu'à cinquante ans ; elle présente cinq éléments :

1° L'armée active ; 2° la réserve de cette armée ; 3° la landwehr du 1er ban, 4° la landwehr du 2e ban ; et 5° la landsturm.

**Armée active.** — Le roi en est le chef. Il se sert

comme intermédiaire pour faire parvenir ses ordres du ministre de la guerre.

**États-majors.** — Ensuite vient l'état-major général qui compte quatre classes de généraux.

1° Des feld-maréchaux ; 2° des généraux d'infanterie et de cavalerie ; 3° des généraux lieutenants ; 4° des généraux-majors.

Puis nous trouvons le corps d'état-major qui se divise en deux parties ; 1° le grand état-major, pouvant être assimilé à notre dépôt de la guerre et comprenant environ 30 officiers ; 2° les états-majors de corps d'armée, à raison, pour chaque corps, d'un officier supérieur chef d'état-major et de 2 ou 3 adjoints.

**Troupes.** — Nous avons d'abord la garde qui comprend :

4 régiments d'infanterie de la garde ;
4 régiments d'infanterie de la landwher ;
1 régiment d'infanterie de réserve ;
1 bataillon dit de réserve ;
1 bataillon de chasseurs ;
1 bataillon de carabiniers ;
1 compagnie de sous-officiers de la garde.

Le tout formant 2 divisions à 2 brigades.

La cavalerie de la garde comprend :

1 régiment de gardes du corps ;
1 régiment de cuirassiers ;
1 régiment de dragons ;
1 régiment de hussards ;
2 régiments de hulans de la landwehr.

Formant un total de 6 régiments.

L'artillerie se compose d'une brigade organisée comme celle de la ligne, que nous verrons tout à l'heure.

Le génie comprend une division de pionniers.

La garde forme un corps d'armée de 2 divisions d'infanterie et d'une division de cavalerie.

L'infanterie de ligne se compose de :

32 régiments de ligne ;
8 régiments de réserve ;
8 bataillons de réserve ;
4 divisions de chasseurs ;
4 divisions de carabiniers.

Chaque régiment est à 3 bataillons.

Chaque bataillon a 4 compagnies.

Chaque compagnie est de 250 hommes sur le pied de guerre.

Par suite, les bataillons sont de 1000 hommes, les régiments de 3000.

L'état-major d'un régiment comprend :

1 officier supérieur commandant ;
1 major chargé de la comptabilité ;
1 adjudant de régiment ;
1 médecin de régiment ;
3 maîtres ouvriers ;
24 musiciens.

L'état-major d'un bataillon comprend :

1 lieutenant-colonel ou major commandant le bataillon ;
1 adjudant ;
1 officier comptable ;
1 médecin de bataillon.

Le cadre d'une compagnie se compose de :

1 capitaine ;
1 premier lieutenant ;
3 seconds lieutenants ;
1 enseigne ;
1 chirurgien ;

```
  1 sergent-major ;
 15 sous-officiers ;
  3 tambours ou fifres.
```

La compagnie est de 128 hommes sur le pied de paix et de 250 en temps de guerre.

La cavalerie de l'armée de ligne comprend :

```
  8 régiments de cuirassiers ;
  4 régiments de dragons ;
 12 régiments de hussards ;
  8 régiments de hulans.
```

Formant un total de 32 régiments.

Chaque régiment a 4 escadrons.

L'état-major d'un régiment comprend :

```
  1 officier supérieur commandant ;
  1 major ;
  1 adjudant de régiment ;
  1 médecin de régiment ;
  1 trompette-major ;
  1 instructeur d'équitation ;
  3 armuriers ou selliers.
```

L'escadron se compose de :

```
  1 capitaine ;
  1 premier lieutenant ;
  3 seconds lieutenants ;
  1 chirurgien ;
  1 enseigne ;
  1 maréchal des logis chef ;
  1 fourrier ;
 12 sous-officiers ;
120 cavaliers ;
  3 trompettes ;
  1 maréchal ferrant et 1 vétérinaire.
```

L'artillerie comprend comme en France un état-major et des troupes.

L'état-major se compose de généraux-majors, colonels, lieutenants-colonels, majors, capitaines, premiers et seconds lieutenants.

Les troupes se composent d'une brigade de la garde que nous avons déjà vue, et de 8 brigades de la ligne.

Ces brigades correspondent à nos régiments. Chacune d'elles comprend : 3 compagnies à cheval et 12 compagnies à pied.

Sur les 12 compagnies à pied, il y en a 3 pour le service des parcs et des places.

Sur le pied de paix, la compagnie à cheval est d'environ 96 hommes ; elle à 73 chevaux de selle, 4 pièces attelées à 6 chevaux et 2 caissons à 2 chevaux.

La compagnie à pied a 2 pièces attelées à 4 chevaux et 1 caisson attelé à 2 chevaux.

Sur le pied de guerre, toutes les compagnies ont 8 pièces.

Les pièces prussiennes de campagne sont du calibre de 12 et de 6. Les obusiers sont de 10 livres et de 7 livres.

Chaque régiment sur le pied de guerre a environ 1500 hommes.

Le génie comprend aussi un état-major et des troupes.

L'état-major se compose de généraux, de colonels, de lieutenants-colonels, majors, capitaines et lieutenants.

Les troupes consistent en une division de pionniers de la garde dont nous avons déjà parlé et 8 divisions de pionniers de la ligne.

Chaque division comprend 2 compagnies en temps de paix et 3 en temps de guerre.

Chaque compagnie se compose de sapeurs, de mineurs et de pontonniers.

Son effectif est de 84 hommes en temps de paix et de 250 en temps de guerre.

Le train des équipages attelle les pièces et les caissons de bataille, comme autrefois en France. Il est subdivisé en plusieurs détachements dont l'ensemble s'élève jusqu'à 27,000 hommes sur le pied de guerre.

La gendarmerie est chargée de la police des armées et de celle des provinces. Il y a une brigade par corps d'armée et une par province.

Enfin, il y a une compagnie de chasseurs d'ordonnance, correspondant à nos cent-gardes, ayant rang de sergents-majors et escortant le roi et les princes.

L'état-major des places présente pour chaque place, un gouverneur, un major de place, un auditeur de garnison, un médecin et un ministre.

Il n'y a pas d'adjudant de place.

Le corps administratif ou du commissariat se compose d'intendants, de conseillers d'intendance et d'assesseurs.

Voilà le tableau d'ensemble de l'armée permanente.

## III.

J'examine maintenant la question des réserves prussiennes.

**Réserves.** — Ces réserves se divisent en 4 classes :

1° La réserve de l'armée ou la réserve de guerre ;
2° La landwehr du 1ᵉʳ ban ;
3° La landwehr du 2ᵉ ban ;
4° La landsturm.

La réserve de l'armée est formée par les sous-officiers et soldats qui, conformément à la loi, ont servi pendant 3 ans, sont renvoyés dans leurs foyers et pendant 2 ans encore appartiennent à l'armée et sont maintenus sur les contrôles pour achever leurs 5 ans de service légal.

Cette réserve a, par suite, une certaine analogie avec la réserve française.

La landwehr du 1ᵉʳ ban est pour la Prusse une seconde armée, maintenue dans ses foyers, ne coûtant presque rien au gouvernement et cependant organisée, équipée, armée et instruite.

Elle est, sous ce rapport, supérieure à notre garde nationale active.

Cette landwehr comprend tous les hommes de 25 à 32 ans ; de plus tous les jeunes gens qui, ayant contracté un engagement volontaire, ont servi à leurs frais pendant un an ; de plus, encore, tous les jeunes gens de 20 à 25 ans qui n'appartiennent pas à l'armée active. « C'est là le principe, mais, en réalité, la landwehr du 1ᵉʳ ban ne renferme que les jeunes gens sortant de la ligne, dit le général Hardegg. »

La landhwer du 1ᵉʳ ban est organisée de la manière suivante :

L'infanterie comprend :

4 régiments de la garde dont j'ai déjà parlé, permanents, quoique de la landwehr,
32 régiments à 3 bataillons ;
8 bataillons de réserve.

L'organisation de la landwehr correspond à celle de la ligne.

Chaque régiment de ligne a son numéro correspondant dans la landwehr.

Chaque arrondissement territorial fournissant un bataillon de l'armée permanente fournit un bataillon de landwehr. Le même arrondissement fournit un escadron, de sorte que la cavalerie de la landwehr compte environ 100 escadrons.

Pour l'artillerie, chaque bataillon a un détachement de 25 artilleurs.

Chaque bataillon a de même des chasseurs, des carabiniers et des pionniers.

Il y a donc une liaison intime entre l'armée active et la landwehr, les régiments de l'une et de l'autre étant fournis par les mêmes arrondissements territoriaux.

Les hommes passant de l'une à l'autre ne quittent jamais leur pays natal en temps de paix.

La landwehr du 1er ban est composée d'hommes dans la force de l'âge ayant servi dans l'armée, et présente par suite autant de consistance que l'armée elle-même, dont les soldats sont généralement trop jeunes.

En temps de paix, l'État ne solde, dans la landwehr, que l'état-major de chaque bataillon et par compagnie, un sergent-major, un fourrier et 2 appointés.

Les officiers entretenus des cadres comptent dans l'armée et participent à l'avancement général. Ils tiennent les contrôles et surveillent les magasins d'armes et d'effets établis pour chaque bataillon au chef-lieu de son arrondissement.

Une grande partie des officiers de la landwehr, indépendamment de ceux qui sont entretenus par l'État, est fournie par les propriétaires du pays. Ils ont ainsi la double influence de leurs grades et de leurs positions civiles.

La landwehr du 1<sup>er</sup> ban se réunit une fois par an, à l'automne, pendant quinze jours et quelquefois davantage. Elle est exercée aux manœuvres d'ensemble. Elle reçoit alors la solde de l'armée.

On parle en ce moment de fondre la landwehr du 1<sup>er</sup> ban dans l'armée, de manière à doubler celle-ci.

La Prusse aurait alors 64 régiments d'infanterie à 3 bataillons au lieu de 32.

Le temps de service serait de 3 ans dans l'armée et de 5 ans dans la réserve.

Puis les hommes entreraient dans la landwehr du 2<sup>e</sup> ban, qui deviendrait ainsi la landwehr du 1<sup>er</sup>.

En attendant, la landwehr du 2<sup>e</sup> ban se compose de tous les hommes de 32 à 40 ans, sortant du 1<sup>er</sup> ban de la landwehr.

Son organisation correspond à celle de la landwehr du 1<sup>er</sup> ban et à celle de l'armée.

Il y a le même nombre de régiments qui ont les mêmes numéros.

Mais l'organisation n'existe que sur le papier, comme pour notre garde nationale. Il n'y a ni cadres soldés, ni magasins. L'avantage que cette landwehr a sur notre garde nationale, c'est que les hommes ont servi et sont instruits.

La landsturm est la dernière ressource du pays en cas d'invasion. C'est la levée en masse. Elle comprend toute la population valide jusqu'à l'âge de 50 ans.

Telles sont les réserves prussiennes.

On a donné aux divers éléments de la force publique une organisation d'ensemble.

Chacune des provinces de la monarchie correspond

à un corps d'armée. Elle comprend 2 départements de régence qui correspondent à 2 divisions, etc.

Et l'armée prussienne comprend 8 corps, 16 divisions, 32 brigades. Chaque brigade, 2 régiments, un de ligne et l'autre de landwehr.

La garde forme un 9ᵉ corps, à part, et est recrutée dans l'armée.

Les 8 corps d'armée sont ensuite réunis 2 à 2 pour former 4 armées.

Quant à l'organisation d'un corps d'armée, prenons le 1ᵉʳ corps, dont le quartier général à Kœnigsberg.

L'état-major du corps d'armée comprend :

1 officier général commandant ;
2 aides de camp ;
1 chef d'état-major et 2 adjoints ;
1 intendant, 2 conseillers d'intendance ;
2 assesseurs ;
1 auditeur en chef ;
1 médecin principal ;
1 ministre protestant.

Les troupes du 1ᵉʳ corps se composent de 2 divisions d'infanterie et une division de cavalerie.

La 1ʳᵉ division comprend 2 brigades.

La 1ʳᵉ brigade est formée du 1ᵉʳ régiment de ligne et du 1ᵉʳ régiment de landwehr.

La 2ᵉ est formée du 3ᵉ régiment de ligne et du 3ᵉ de landwehr.

La 2ᵉ division se compose, de même, de 2 brigades.

1ʳᵉ brigade : 4ᵉ de ligne et 4ᵉ de landwehr.

2ᵉ brigade : 5ᵉ de ligne et 5ᵉ de landwehr.

Il y a de plus une division de chasseurs à pied dans chaque division d'infanterie.

La division de cavalerie se compose de 2 brigades.

1re brigade : 2 régiments de ligne, cuirassiers et dragons, et 6 escadrons de landwehr.

2e brigade : 2 régiments de ligne, cuirassiers et hussards, et 6 escadrons de landwehr.

L'artillerie du 1er corps se compose d'une brigade d'artillerie servant 12 batteries de 8 pièces ou 96 bouches à feu.

Le génie est formé d'une division de pionniers.

Comme accessoires, il y a encore :

> 1 régiment d'infanterie de réserve ;
> 1 bataillon de landwehr de réserve ;
> 4 compagnies de garnison ;
> 2 compagnies d'invalides ;
> 1 détachement de gendarmerie.

Le 1er corps comprend en résumé :

> 12 bataillons de ligne ;
> 12 bataillons de landwehr ;
> 16 escadrons de ligne ;
> 12 escadrons de landwehr.

Ce qui fait un total moyen de 30,000 à 35,000 hommes sur le pied de guerre.

Environ 300,000 pour les 9 corps de l'armée prussienne.

L'armée de ligne entre dans ce chiffre pour environ 125,000 hommes, la garde pour 30,000.

La landwehr du 1er ban pour environ 175,000 hommes.

L'effectif normal de l'armée prussienne est donc d'environ 300,000 à 325,000 hommes avec 800 bouches à feu.

La landwehr du 2e ban donnerait ensuite une armée de 500,000 hommes.

Mais alors toute la population mâle serait enlevée. Le pays resterait sans culture. L'industrie et le commerce seraient privés de bras. Cette organisation ne peut être que momentanée; elle répond aux nécessités d'une guerre défensive; elle porte l'armée prussienne au niveau des autres armées européennes, mais en employant toutes les forces vives du pays, qui n'a plus pour sa défense que la landsturm ou levée en masse.

Quoi qu'il en soit, l'armée prussienne est formée, comme je l'ai dit précédemment, de 4 armées et de 9 corps d'armée, savoir :

1° De la garde, qui reste à Berlin, Postdam et Charlottenbourg ;

2° D'une première armée, comprenant le 1" corps à Kœnigsberg et le 2° à Stettin ;

3° D'une seconde armée, comprenant le 3° corps à Berlin et le 4° à Francfort-sur-l'Oder ;

4° D'une troisième armée, comprenant le 5° corps à Posen et le 6° à Breslau ;

5° D'une quatrième armée, comprenant le 7° corps à Munster et le 8° à Coblentz.

Telle est l'armée permanente et telles sont les réserves de la Prusse.

IV.

**Divers autres éléments du système militaire prussien.**— Nous allons voir maintenant les divers autres éléments du système militaire prussien.

Le *recrutement* se fait par *appel, engagement* et *rengagement*.

Les appels fournissent une levée annuelle d'environ 25,000 hommes, nécessaire pour tenir l'armée au complet de 125,000 hommes avec 5 ans de service.

Les engagés volontaires sont de 2 espèces :

1° Ceux qui se destinent à la carrière militaire. Ils

peuvent s'engager à 17 ans, mais après examen. Six mois après leur entrée au service, ces engagés passent de nouveaux examens à la suite desquels ils peuvent être nommés enseignes.

2° Les engagés volontaires qui se destinent à des carrières spéciales. Ils s'enrôlent pour un an, s'équipent à leurs frais et entrent ensuite dans la landwehr.

Cette disposition a pour but de suppléer au remplacement.

Enfin, l'armée prussienne compte encore des rengagés, après 5 ans de service. Les rengagements sont pour 6 ans. Ils donnent lieu à une haute paye, et, de plus, le gouvernement réserve des emplois civils aux hommes qui ont suivi la carrière militaire.

Le système des appels fonctionne de la manière suivante :

Les divisions du territoire correspondent, comme je l'ai dit, aux divisions de l'armée.

Tous les ans, 100,000 jeunes gens atteignent, en Prusse, l'âge de l'appel, qui est de 20 ans. Le choix, au lieu du sort, détermine ceux qui doivent rejoindre l'armée.

Ce choix est exercé par plusieurs commissions.

Les premières, dites d'arrondissement, se composent : d'un chef de bataillon de la landwehr, d'un officier de cavalerie, d'un officier d'infanterie, d'un conseiller de cercle, de deux propriétaires ruraux et de deux propriétaires des villes. Ces commissions examinent tous les jeunes gens en état de faire un service actif, et les classent d'après leur aptitude.

Une deuxième commission établie dans chaque département de régence vient approuver ou changer la liste. Cette commission est composée de l'inspecteur général de la landwehr, d'un officier d'infanterie, d'un officier de cavalerie; d'un officier d'artillerie, d'un conseiller de régence et d'un nombre variable de députés ruraux ou des villes.

Cette commission désigne les jeunes gens qui doivent rejoindre l'armée active, et dans cette désignation, on ajoute un 10° en sus pour les non-valeurs.

La commission conserve la liste des jeunes gens qui ne sont pas appelés. Ils font partie de la landwehr du premier ban, et, en cas de nécessité, ils peuvent être envoyés dans l'armée.

Les commissions de recrutement examinent les causes d'exemption, qui sont analogues à celles de l'armée française.

Pour les *remontes*, la Prusse possède trois haras royaux et un grand nombre de dépôts d'étalons. Elle produit donc directement une partie de ses chevaux, et elle achète les autres au moyen de commissions d'achat, particulièrement les chevaux de grosse cavalerie, qu'elle prend dans le Holstein et dans le Mecklenbourg.

La *discipline* prussienne est rigide. Elle admet les coups de baguette et la prison de rigueur.

Les parquets militaires sont formés par les auditeurs.

Pour l'*avancement*, celui des sous-officiers est subordonné au choix des chefs de corps sans règles bien précises.

Nous avons vu comment on devenait enseigne.

Les sous-lieutenances sont accordées au choix du roi, en temps de paix, aux enseignes et aux élèves des écoles de division et de cadets.

Pour les officiers subalternes, l'avancement a lieu ensuite au choix et d'après des examens.

Pour les officiers supérieurs et généraux, l'avancement a lieu uniquement à l'ancienneté, mais l'ancienneté donne droit au grade et non pas à l'emploi.

Les autres récompenses de l'armée prussienne sont les décorations.

Les ordres principaux sont :

1° Celui de l'aigle noir ;
2° Celui de l'aigle rouge ;
3° Celui du mérite ;
4° Celui de la croix de fer.

Il y a de plus une grande quantité de médailles. Par exemple, celle de 1814, avec cette inscription : *F. W. aux braves guerriers de la Prusse : Dieu était avec nous, à lui l'honneur.*

Sous le rapport de l'*administration*, il y a des intendants qui sont les délégués du ministre auprès de chaque corps d'armée.

L'intendance prussienne n'intervient pas directement dans l'administration des corps. Elle vérifie et arrête la comptabilité. Ses observations parviennent aux corps par l'intermédiaire des généraux.

On entre dans l'intendance après des examens subis devant une commission spéciale établie à Berlin.

Sous le rapport de l'*instruction*, la Prusse a, comme la France, des écoles régimentaires pour les sous-officiers et soldats. C'est une sorte d'instruction primaire.

Ensuite viennent les écoles de division , où l'instruction est plus relevée, et où sont admis sans frais les aspirants aux grades d'officiers.

Puis, viennent les écoles de cadets, qui correspondent à la fois à La Flèche et à Saint-Cyr.

Enfin, viennent les écoles d'application, pour l'artillerie, le génie et pour l'état-major.

Cette dernière s'appelle l'école de la guerre, et jouit d'une grande réputation dans toute l'Allemagne.

Quant à l'instruction militaire de l'armée prussienne, elle est parfaite, dit le maréchal Marmont. « La marche est excellente et facile. Les distances et « les directions se conservent. Les feux sont vifs et ré- « guliers.... »

Enfin, j'arrive aux *établissements militaires*.

La Prusse a des arsenaux de construction à Berlin, à Cologne et à Neisse ;

Des fonderies à Berlin, Dantzig et Spandau ;

Des manufactures d'armes à Postdam, Dusseldorf, Buhl, près de Gotha, et Neisse.

Elle possède des hôtels d'invalides ; des casernes, hôpitaux, magasins etc., enfin des places fortes qui assurent la défense du territoire.

Tel est l'ensemble du système militaire prussien.

## V.

**Avantages et inconvénients du système prussien.** — Ce système présente des avantages et des inconvénients.

Il donne une armée nombreuse et économique.

Il forme de bons cadres.

Les officiers se rattachent à la chose publique, par la situation sociale de leurs familles, les examens qu'ils subissent étant une condition tacite de fortune.

Les sous-officiers qui aspirent à un emploi civil après leur libération y sont également intéressés.

L'état militaire jouit de beaucoup de considération. Toutes les grandes familles ont quelques-uns de leurs membres dans l'armée.

La position de capitaine est respectée, bien rétribuée, et présente un terme convenable pour la carrière militaire.

Enfin, le système prussien est excellent pour une guerre nationale.

Ses inconvénients sont les suivants :

1° Dans l'armée de ligne, les soldats sont trop jeunes ; ils ne restent pas assez longtemps sous les drapeaux ;

2° Les officiers et les sous-officiers, indépendamment de leur service journalier, sont assujetis sans relâche à faire le métier d'instructeurs. Ils recommencent chaque année à instruire des hommes qui peu après disparaissent, pour être remplacés par d'autres qui disparaissent à leur tour. Travail décourageant, dit le maréchal Marmont, qui donne l'idée du supplice des Danaïdes. L'armée prussienne, par suite, semble être dans un état exceptionnel et non pas dans un état normal. Les ressorts y sont trop tendus ;

3° La landwehr, composée d'hommes mariés, établis, rentrés dans la vie civile, est peu susceptible de mouvement ;

4° Dans les dissensions intestines, chaque province, d'après le système du recrutement, a son armée toute prête à embrasser sa querelle ;

5° Un régiment peut être moissonné tout entier dans une campagne. Et il viendra se recruter au milieu des mêmes familles encore en deuil de la première partie de leur jeunesse ;

6° Enfin, les soldats d'un même pays s'entretiennent sans cesse de leurs regrets, ce qui souvent produit la nostalgie, le mal du pays, et dans tous les cas, ce qui affaiblit les liens de la discipline et repousse les habitudes militaires.

En définitive, l'armée prussienne paraît être une garde nationale perfectionnée, très-propre à la défense du pays, — très-peu aux guerres lointaines.

# SEPTIÈME LEÇON.

Organisation militaire de l'empire d'Autriche.— Institutions politiques.
— Divisions territoriales.
Institutions militaires.—Armée permanente.—États-majors.—Troupes.
—Corps hors ligne.
Réserves autrichiennes. — Régiments-frontières.
Diverses autres parties des institutions militaires autrichiennes.
Armée de la confédération germanique.
Coup d'œil sur l'armée piémontaise.

* * *

## I.

**Considérations générales.** — Le gouvernement de l'Autriche était un gouvernement absolu. Un décret impérial tout récent vient de le transformer en gouvernement constitutionnel.

Le budget de l'Autriche est de 270 à 275 millions de florins, ce qui fait environ 900 millions de francs.

Les frontières de l'Autriche sont bonnes à l'ouest contre les puissances occidentales, au nord contre la Prusse, au sud contre la Turquie. Mais elles sont ouvertes à l'est vers la Pologne et la Russie.

La population de l'Autriche est de 36 millions d'habitants. Cette population n'est pas homogène, car l'Autriche est une agrégation de provinces qui manquent d'unité.

Ces provinces sont au nombre de douze : l'archiduché d'Autriche, le duché de Styrie, le royaume d'Illyrie, le Tyrol et le Voralberg, le royaume de Bohème, le margraviat de Moravie, le royaume de Gallicie, la Hongrie, la Croatie et l'Esclavonie, la Transylvanie, le royaume de Dalmatie, le royaume Lombard-Vénitien ou plutôt la Vénétie. —Toutes ces provinces ont conservé leur nationalité particulière.

Ce n'est pas comme en France, où le Flamand, le Breton, le Picard, le Normand, etc..., sont Français depuis des siècles, ayant la même langue, les mêmes usages et les mêmes lois.

En Autriche, on reconnaît parfaitement le Hongrois, la Croate, le Bohême, l'Italien, etc...

Le gouvernement s'efforce d'établir la fusion entre ces différents peuples. Et pour cela l'Empereur a ordonné l'emploi de la langue allemande dans tous les corps pour le commandement. Il nomme en même temps des officiers allemands dans les régiments hongrois ou italiens, et réciproquement.

Néanmoins le défaut d'homogénéité subsistera longtemps encore dans l'armée autrichienne.

C'est là le plus grand inconvénient que présente le système militaire autrichien.

Il en présente encore un autre sous le rapport de l'organisation. Le nombre des officiers et des sous-officiers est généralement trop restreint comparativement au nombre des soldats sous leurs ordres, ce qui rend l'armée lourde. — De plus, les finances autrichiennes sont obérées depuis longtemps par le poids que leur impose l'entretien d'une armée trop nombreuse. Le budget de 1860 est en déficit de 96 millions. — Le gouvernement est endetté envers la banque.

La dette publique est de plus de 6 milliards.

Les billets ont eu un cours forcé.

Les paiements en argent ont été suspendus à diverses époques. Enfin il y a eu de grandes malversations dans l'administration, etc...

En revanche le système militaire autrichien est remarquable par les ressources en chevaux, fourrages et subsistances que présentent certaines portions du pays. —Il l'est encore par l'esprit belliqueux de certaines parties de la population ; enfin par la considération et les prérogatives attachées à l'état militaire.

Pendant les guerres de la Révolution et de l'Empire, l'Europe a été frappée de la facilité avec laquelle l'armée autrichienne se relevait de ses désastres, réparait ses pertes et ressuscitait pour ainsi dire.

Elle le devait à la puissance et à la vitalité de sa constitution militaire.

Aujourd'hui l'Autriche est une des cinq grandes puissances de l'Europe. Quoique battue par nous en Italie dans la campagne de 1859, quoique l'on annonce sa décadence, elle n'en joue pas moins un grand rôle dans les affaires du monde.

## II.

La force publique en Autriche présente trois éléments :

1° L'armée de ligne ;
2° La réserve de l'armée ;
3° La population militaire des frontières.

**Organisation de l'armée.** — L'empereur en est le chef. Il a près de lui le conseil aulique, chargé de la haute direction des opérations, et il se sert comme intermédiaire pour la transmission de ses ordres du ministre de la guerre.

L'état-major général est peu nombreux ; il comprend :

    4 feld-maréchaux ;
    18 feld-zeugmeisters, généraux de cavalerie ou généraux d'armes spéciales ;
    112 feld-maréchaux-lieutenants ;
    130 généraux-majors.

Le corps d'état-major comprend :

4 généraux ;
43 officiers supérieurs ;
80 capitaines.

Ces officiers forment les états-majors des corps d'armée. Ils ne remplissent pas les fonctions d'aides de camp. Il y a un corps particulier d'aides de camp ou d'adjudants, composé de :

4 officiers généraux ;
42 officiers supérieurs ;
78 officiers inférieurs.

Il faut ajouter au corps d'état-major celui des ingénieurs-géographes, qui comprend :

9 officiers supérieurs ;
30 capitaines ou lieutenants.

Nous trouvons ensuite la garde particulière de l'empereur, qui se compose de :

1 compagnie d'archers (officiers) ;
1 compagnie de trabans (sous-officiers) ;
La gendarmerie de la garde ;
La garde du château.

Il n'y a pas de garde impériale, comme en France et en Prusse.

La réserve de l'armée autrichienne est formée par vingt bataillons de grenadiers, à raison de deux compagnies par régiment de ligne. — Cette réserve n'est pas permanente.

Pour l'armée de ligne, son organisation a été réglée par un statut donné à Milan le 25 janvier 1857 et applicable le 1ᵉʳ mars.

L'infanterie autrichienne se composait alors de la manière suivante :

62 régiments de ligne;
25 bataillons de chasseurs à pied ;
1 régiment de chasseurs du Tyrol à 8 compagnies ;
14 régiments-frontières ;

plus 5 bataillons de garnison à 6 compagnies recevant les hommes qui ne remplissaient pas les conditions nécessaires pour un bon service de guerre, à peu près comme nos vétérans.

Après la guerre d'Italie, de 62 le nombre des régiments d'infanterie a été porté à 80,

Et celui des bataillons de chasseurs élevé à 40.

Chaque régiment a maintenant 3 bataillons ; et en temps de guerre, il aura une division de réserve.

Chaque bataillon a 6 compagnies.

Le régiment sur pied de paix est fort de 3,000 hommes.

Sur pied de guerre, son effectif est de 6,000.

L'état-major d'un régiment comprend :

1 colonel-propriétaire (disposition surannée qui date de la guerre de Trente ans, et qui n'est plus en harmonie avec l'esprit moderne);
1 colonel-commandant;
1 lieutenant-colonel;
3 ou 4 majors;
1 adjudant de régiment;
3 adjudants de bataillon.

Le cadre d'une compagnie comprend :

1 capitaine;
1 lieutenant en 1er;
1 lieutenant en 2e;
2 sergents-majors;
12 sous-officiers et caporaux;
120 hommes sur le pied de paix;
280 hommes sur le pied de guerre.

La cavalerie autrichienne comprend :

    8 régiments de cuirassiers ;
    8     id.     de dragons ;
   12    id.     de hulans ;
   12    id.     de hussards ;
  10 escadrons de dragons d'état-major, dont je parlerai plus tard ;
  et 14 divisions des confins, formant 28 escadrons.

Les régiments de cuirassiers et de dragons ont 6 escadrons. Les régiments de hulans et de hussards en ont huit.

Le recrutement de la cavalerie se fait dans les provinces les plus riches en chevaux. Ainsi l'Italie ne fournit qu'un seul régiment. La Bohème en fournit 8. La Hongrie fournit presque tous les hussards.

L'état-major d'un régiment de cavalerie se compose de :

    1 colonel-propriétaire ;
    1 colonel-commandant ;
    1 lieutenant-colonel ;
    2 ou plusieurs majors ;
    1 petit état-major.

Le cadre d'un escadron comprend :

    1 capitaine en 1er ;
    1 capitaine en 2e ;
    2 lieutenants ;
    2 sous-lieutenants ;
    2 maréchaux de logis chefs ;
   12 sous-officiers et brigadiers ;
 162 hommes et 150 chevaux.

Il y a de plus, dans chaque escadron, 6 domestiques militaires pour les officiers.

Les hommes non montés forment un escadron de dépôt. Ils reçoivent les remontes, hommes et chevaux, et sont chargés de les instruire.

L'artillerie se compose comme en France :

d'un état-major ;
et de troupes.

Les troupes comprennent :

12 régiments d'artillerie de campagne ;
1 régiment d'artillerie de côtes ,
1 régiment de fuséens, de 4,000 hommes et de 2,500 chevaux ;
14 garnisons d'artillerie ;
et 1 corps d'ouvriers.

Chaque régiment d'artillerie de campagne a :

4 batteries de 6 livres ;
3 de 12 ;
6 à cheval ;
et 1 batterie d'obusiers longs.

Chaque batterie est de 8 pièces :

Les canonniers ne conduisent pas les pièces. Il y a,
comme en Prusse, des attelages du train des équipages.

Les 14 garnisons d'artilleries sont réparties dans 14
districts et sont destinées à servir l'artillerie des places
fortes. Elles présentent un effectif d'environ 10,000
hommes.

Telle est l'organisation des corps de ligne.

Pour les corps hors ligne, nous avons le génie, qui
comprend :

1 état-major ;
et des troupes.

L'état-major comprend des généraux ; directeurs,
inspecteurs, membres du comité ; et des officiers de
tous grades employés à des travaux spéciaux.

Les troupes comprennent 12 bataillons à 4 ou 5
compagnies, organisés en brigades.

Les garnisons principales du génie sont Vienne, Krems, Cracovie et Ofen.

La compagnie du génie en temps de paix est de 100 hommes et de 150 en temps de guerre.

Le cadre se compose de :

1 capitaine ;
1 lieutenant ;
2 sous-lieutenants ;
4 sergents-majors ;
4 guides ou conducteurs de mineurs ;
12 caporaux ;
12 appointés ;
2 clairons.

Il y a des compagnies de mineurs et des compagnies de sapeurs.

Après le génie, nous trouvons les troupes d'état-major, savoir :

1° Le corps des pionniers, composé de 6 bataillons à 4 compagnies, et chargé de tout ce qui regarde les routes ;

2° Le corps des pontonniers formant 1 bataillon de 6 compagnies, chargé des ponts de bateaux ;

3° Le bataillon des Tchaïskistes, manœuvrant des tchaisks ou chaloupes canonnières sur le Danube, sur la Save et sur les lacs. Ils sont cantonnés sur leurs bords. Ils ont été réunis dernièrement au corps des pontonniers.

En temps de guerre, le corps d'état-major a, de plus, un régiment d'infanterie et un régiment de dragons, dont la force est augmentée suivant les besoins par le conseil aulique. Ces régiments fournissent des ordonnances aux divers quartiers généraux.

Puis vient le train des équipages qui est chargé de

pourvoir aux attelages de toutes les voitures de l'armée. Il comprend :

1 état-major ;
et des troupes.

L'état-major se compose de :

1 colonel commandant ;
2 lieutenants-colonels ;
4 majors ;
42 capitaines ;
53 lieutenants ;
170 sous-lieutenants ;
et 40 adjudants.

Les troupes sont partagées en 12 divisions d'équipages.

Chaque division comprend un certain nombre de chevaux d'administration et 20 attelages de batteries divisionnaires. Le train des équipages est chargé de la conduite des pièces d'artillerie, du transport des vivres, des approvisionnements, du trésor, etc...

Comme corps hors ligne, nous trouvons encore la *gendarmerie* qui est chargée de la police à l'intérieur et aux armées.

Après les corps hors ligne, viennent les états-majors et les divers services, comme dans l'armée française.

D'abord l'état-major des places qui comprend :

20 généraux ;
20 colonels ou lieutenants-colonels ;
40 majors ;
55 capitaines ;
30 lieutenants ;
30 sous-lieutenants ;
0 auditeurs ;
20 officiers de santé ;
8 comptables ;

Et un nombre variable de sous-officiers destinés aux emplois de greffier, de portier-consigne et autres.

L'état-major des places est chargé de la défense des places.

Le corps administratif se compose de :

19 ordonnateurs ou chefs de section ;

102 commissaires { généraux ; supérieurs ; des guerres ;

80 adjoints ;

et 30 aspirants ou commis.

Ce corps dirige, gère et contrôle les divers services administratifs de l'armée autrichienne.

L'auditoriat comprend les membres des tribunaux militaires, les rapporteurs, les commissaires impériaux, et même les juges des conseils de guerre.

Il y a :

des auditeurs généraux ;

des auditeurs supérieurs de 1$^{re}$ et 2$^e$ classe ;

des auditeurs ordinaires de 1$^{re}$, 2$^e$ et 3$^e$ classe.

L'armée autrichienne présente, comme l'armée prussienne, une organisation d'ensemble.

Avant 1859, elle formait 4 armées et 12 corps d'armée.

Un 13$^e$ corps fut créé pour la guerre d'Italie,

A partir du 1$^{er}$ janvier 1860, l'armée autrichienne fut répartie en 8 corps d'infanterie et un de cavalerie:

le 1$^{er}$ corps est à Prague ;

le 2$^e$ — à Vienne ;

le 3$^e$ — à Klagenfurth ;

le 4$^e$ — à Brünn ;

le 5$^e$ — à Vérone ;

le 6ᵉ corps est à Pesth ;
le 7ᵉ      —      à Trévise ;
le 8ᵉ      —      à Padoue ;
le corps de cavalerie à Pesth.

L'effectif de l'armée autrichienne, sur le pied de paix, est de 350,000 hommes, et de 600,000 sur le pied de guerre.

III.

**Réserves et régiments-frontières.** — Derrière l'armée permanente, nous trouvons en Autriche une réserve de l'armée ; cette réserve est analogue à la réserve française ; elle comprend les hommes qui sont renvoyés en congé illimité après un certain nombre d'années de service.

Les effets d'habillement et d'équipement des hommes de la réserve restent déposés dans des magasins jusqu'à l'entière libération de ces hommes.

Le statut organique pour la réserve de l'armée autrichienne comprend 26 articles.

Avant 1852, il y avait encore, comme réserve nationale, une landwehr armée, organisée et équipée. Cette institution remontait à 1809 et était due à l'archiduc Charles ; elle a été supprimée et remplacée par des cinquièmes bataillons dits de dépôt, dans chaque régiment.

Enfin, je comprends encore dans les réserves autrichiennes les régiments-frontières, et je vais entrer dans quelques détails sur leur organisation.

Vers 1576, la frontière de l'Autriche, du côté de la Turquie, était dévastée par les invasions. Les habitants émigraient en masse.

L'empereur Rodolphe et la Diète germanique s'occupent de reconstituer une barrière pour arrêter les nouveaux barbares.

Ils cherchent à y établir une population belliqueuse qu'ils attirent en lui donnant des terres et des priviléges.

Le territoire est divisé en généralats.

Ceux-ci en arrondissements.

Les arrondissements en régiments.

Les régiments en bataillons.

Les bataillons en compagnies ou waïwodies.

Jusqu'en 1750, les régiments-frontières ne furent employés que sur la frontière de Turquie. On en vit paraître cependant dans la guerre de Trente-Ans, mais seulement en corps francs et en partisans. On les appelait les Manteaux rouges en raison de leur costume.

Vers 1750, Marie-Thérèse, au milieu des embarras de la guerre de Sept-Ans, fit appel au dévouement de tous ses sujets, et les régiments-frontières entrèrent alors dans l'armée autrichienne.

Aujourd'hui, ils en représentent un élément important, et ils peuvent être considérés comme appartenant aux réserves nationales.

Le territoire est toujours divisé de la même manière.

Les habitants sont organisés militairement en compagnies, bataillons, régiments, qui représentent à la fois des circonscriptions territoriales, des unités d'organisation militaire et des unités d'organisation administrative.

Les terres sont distribuées entre les familles qui les possèdent collectivement.

Le chef de la famille en est l'administrateur. Les individus ne possèdent pas.

Le capitaine réside au centre de sa compagnie ; il la réunit tous les 15 jours.

Il a près de lui un lieutenant d'économie qui est chargé de l'administration.

Le chef de bataillon réside au centre de son bataillon; il le réunit tous les 3 mois.

Le colonel réside au centre de son régiment; il doit en voir toutes les parties au moins une fois par an; il a auprès de lui un capitaine d'économie qui est chargé de l'administration du régiment.

Chaque régiment-frontière fournit en temps de paix un bataillon de 1000 hommes armés, habillés, prêts à marcher. En temps de guerre, chaque régiment fournit 3 bataillons.

Pendant la paix, les régiments-frontières restent sur leur territoire. Ils fournissent pour la surveillance de la frontière des postes et des patrouilles qui composent ce que l'on appelle le cordon militaire. De plus, on les rassemble à certaines époques déterminées pour les exercices d'instruction.

En temps de guerre, les régiments-frontières entrent dans la composition des armées actives.

La durée du service dans les régiments-frontières est de 12 ans.

Il y a 14 régiments.

Le rapport entre le chiffre des troupes et celui de la population est d'environ 1/50.

L'impôt se paie en nature, blé, laines, journées de travail.

Le blé sert à nourrir les habitants et les soldats; la laine à les habiller; les journées de travail servent à l'entretien des routes et aux choses d'utilité publique.

Telles sont les réserves autrichiennes.

## IV.

**Suite des institutions militaires de l'Autriche.** — Examinons les autres institutions militaires de l'Autriche :

D'abord le recrutement :

L'armée autrichienne se recrute par engagements volontaires et par conscription.

La conscription, établie en 1851, se rapproche beaucoup de la conscription française.

Même tirage au sort, mêmes exemptions légales, mêmes dispenses, etc.

La durée du service est de 8 ans.

Le tirage peut porter sur toutes les classes.

Une seule, la 8ᵉ est définitivement libérée. Les cinq avant-dernières ne sont requises qu'en cas d'urgence et avec dispense pour les hommes mariés qui en font partie.

Les régiments d'infanterie et de cavalerie se recrutent toujours dans les mêmes districts de manière à être composés d'hommes du même pays, ayant les mêmes mœurs et la même langue.

Les corps spéciaux choisissent leurs soldats dans tout l'Empire.

L'exonération est en usage dans l'armée autrichienne. Le produit des exonérations est versé directement au Trésor.

Pour les remontes, l'Autriche emploie la production directe et les achats.

La production directe s'effectue dans 5 haras considérables, qui, en une seule année, vers 1831, ont donné 30,000 chevaux.

Pour les achats, l'Autriche a des établissements

analogues à nos dépôts de remonte. Elle achète de plus beaucoup de chevaux en Russie.

**Discipline et justice militaires.** — La discipline autrichienne est sévère. Le bâton n'est plus d'un emploi ostensible; cependant il est et il sera encore longtemps en usage.

Les peines ordinaires sont les corvées, les factions hors tour, la parade, la prison, l'envoi dans les compagnies de discipline, etc.

La justice militaire présente des tribunaux de 2 degrés.

1° les conseils de régiment ;
2° le tribunal d'appel à Vienne.

Les parquets sont formés par les auditeurs.

**Avancement et récompenses.** — Les colonels propriétaires nomment à tous les emplois vacants de sous-officiers.

Les sous-lieutenants sortent des sous-officiers et des écoles militaires, c'est-à-dire des Académies.

Les derniers subissent des examens.

De sous-lieutenant à capitaine l'avancement a lieu à l'ancienneté.

L'Empereur nomme ensuite à tous les emplois depuis le grade de capitaine jusqu'à celui d'officier général, sur la proposition du conseil aulique qui a presque toujours égard à l'ancienneté.

Les ordres militaires de l'Autriche sont :

Ceux de Marie-Thérèse, de Saint-Étienne de Hongrie, de Léopold, de la couronne de fer et du Mérite militaire.

Chacun de ces ordres a une hiérarchie de grands-croix, commandeurs, chevaliers, etc.

L'Autriche a de plus des médailles, comme les autres puissances européennes.

**Administration.** — Le commissariat dont j'ai indiqué précédemment le personnel, est chargé de l'administration d'ensemble.

L'État fournit tout aux corps. Il n'y a pas de masse individuelle pour les hommes.

L'Autriche possède de grands magasins centraux appelés *magasins de la monture militaire*, où l'on réunit des approvisionnements de toute espèce et d'où une armée entière pourrait sortir complétement habillée, armée et équipée.

L'administration régimentaire a lieu sous les ordres directs du colonel sans conseil d'administration. Elle se fait au moyen d'une chancellerie, composée dans chaque régiment d'un capitaine et de 8 fourriers.

**Instruction.** — L'instruction militaire n'offre rien de particulier, mais il faut remarquer le système d'instruction intellectuelle que possède l'Autriche.

Les établissements qui en dépendent sont :

1° 50 maisons d'enfants de troupe ;
2° 2 écoles de cadets ;
3° 1 académie d'ingénieurs ;
4° 1 école de pionniers ;
5° des écoles d'artillerie ;
6° 1 école d'équitation ;
7° 1 académie de médecine et de chirurgie ;
8° 1 institut vétérinaire, etc....

**Établissements militaires.**—Ces établissements, qui forment le septième élément du système militaire autrichien, se composent d'après le statut du 25 janvier :

Des caisses, des magasins, des entrepôts, des hôpitaux, des prisons, des établissements de discipline, des haras, d'un institut géographique militaire, de cinq maisons d'invalides, d'arsenaux ; parmi ceux-ci on distingue le grand arsenal de Vienne qui contient un matériel considérable et 200,000 fusils. Il y a encore des ateliers de construction, des fonderies, des manufactures d'armes, etc.

Tel est l'ensemble du système militaire autrichien, qui présente une grande économie et des éléments remarquables de vitalité.

## IV.

**Armée de la Confédération germanique.** — Cette armée se compose des contingents fournis par les divers États qui font partie de la Confédération.

Le contingent ordinaire de chaque État est fixé au 1/100 de la population, avec une réserve du 1/300 et égale au 1/3 de l'effectif du contingent actif.

L'armée de la Confédération comprend dix corps. Chaque corps est fort au moins de deux divisions, chaque division de deux brigades, chaque brigade de deux régiments, et chaque régiment de deux bataillons.

Pour la cavalerie, chaque régiment doit être au moins de quatre escadrons.

Les bataillons doivent être de 800 hommes ;
Les escadrons de 150 hommes.

Chaque corps d'armée a en moyenne 60 bouches à feu de campagne.

L'Autriche fournit les 1er, 2e et 3e corps, avec un effectif de 142,000 hommes.

La Prusse fournit les 4e, 5e et 6e corps, d'une force à peu près égale (120,000 hommes).

Le 7e corps, fort de 55,800 hommes est fourni par la Bavière.

Le Wurtemberg, la Hesse et le grand duché de Bade fournissent le 8ᵉ corps de 35,000 hommes.

La Saxe et le duché de Nassau fournissent le 9ᵉ corps de 29,000 hommes.

Enfin, le Hanovre et les villes anséatiques fournissent le 10ᵉ corps de 20,000 hommes.

L'effectif de cette armée est d'environ 400,000 hommes avec 600 bouches à feu, en ne comptant que les forces actives.

C'est évidemment une force considérable. Mais cependant elle est moins redoutable qu'elle le paraît, en raison de la différence des règlements, des manœuvres, de l'armement; par suite de la divergence des intérêts; et enfin par les jalousies qui existent entre les puissances allemandes et qu'il serait facile d'exploiter, dans toute autre guerre qu'une guerre absolument nationale.

La Prusse et l'Autriche sont presque toujours en désaccord. Elles l'ont montré dans ces dernières années, à propos de l'affaire de Neufchâtel et de la garnison de Rastadt, et à propos de la guerre d'Italie qui les a divisées plus profondément encore que par le passé.

La Bavière et d'autres États secondaires forment dans la Confédération un troisième groupe d'intérêts différents des deux premiers.

V.

**Armée piémontaise.** — Il me reste à dire deux mots de l'armée piémontaise qui a combattu avec honneur auprès de la nôtre en Orient, et qui semble être en Europe l'antagoniste directe de l'armée autrichienne.—

Avant 1859, la population du pays était de 4 millions 500,000 habitants.

Les recettes pour 1851 avaient été d'environ 145 millions de francs.

L'armée comprenait :

       30 généraux ;
    3,000 officiers ;
  45,000 soldats ;
  et 5,000 chevaux.

La marine se composait d'environ 40 navires de guerre et 900 canons.

L'armée sarde était organisée en six divisions :

Cinq d'infanterie.

Une de cavalerie.

Sa force sur le pied de paix était d'environ 40,000 hommes ; sur le pied de guerre, de 60,000.

L'infanterie se composait de dix brigades, dont une de la garde.

Chaque brigade avait deux régiments.

Chaque régiment deux bataillons de guerre et un bataillon de dépôt.

Il fallait joindre à cette infanterie de ligne :

10 bataillons de bersaglieri ou infanterie légère.

La cavalerie se composait de 6 régiments de chevau-légers.

L'artillerie comptait 12 compagnies de campagne, dont 10 à pied et 2 à cheval. Plus, 12 compagnies de canonniers de place.

Chaque compagnie servant une batterie de huit pièces.

Deux compagnies à pied étaient dites de position et avaient un calibre plus fort.

Le génie comprenait deux bataillons de 600 hommes.

Il y avait ensuite et dans la proportion des besoins, des états-majors et corps hors ligne, savoir : un état-major général ; un corps d'état-major ; un corps de l'intendance ; un état-major des places ; un corps du train des équipages ; un corps de gendarmerie ; des compagnies de vétérans, etc.

Le recrutement était analogue au nôtre.

La réserve était formée de la manière suivante :

On divisait d'abord le contingent en deux parties :

La première partie comprenant les soldats d'ordonnance qui servaient huit ans.

La deuxième partie comprenant les soldats provinciaux qui servaient seize ans.

Ces derniers recevaient une première instruction, puis étaient renvoyés dans leurs foyers en congé illimité, et ils ne pouvaient être rappelés qu'en temps de guerre. C'était une sorte de landwehr ou de garde nationale.

Le contingent piémontais était d'environ 17,000 hommes par an. Sur ce chiffre, 9,000 formaient la première catégorie (soldats d'ordonnance ou service actif.

8,000 formaient la deuxième catégorie (soldats provinciaux ou service de réserve), qui étaient réunis au moins pendant trois mois dans un camp d'instruction et qui étaient à la disposition du Gouvernement jusqu'à l'âge de trente-six ans.

Plus tard, ce temps de service fut réduit. Il était, en 1859, de cinq ans sous les drapeaux et de six ans dans les foyers : total onze ans.

Le Piémont possédait comme toutes les puissances européennes, des établissements du matériel ; casernes, hôpitaux, etc.

Après la campagne de 1859, le royaume de Piémont devint le royaume de l'Italie septentrionale, ayant une population de 12 millions d'habitants, comprenant le Piémont, la Lombardie, la Toscane, les duchés de Parme et de Modène, ainsi que les Romagnes. Ce nouveau royaume pouvait mettre sur pied une armée de 250,000 hommes.

Enfin aujourd'hui, une nouvelle révolution est en train de s'accomplir, et une sixième grande puissance semble surgir à l'horizon.

Ce sera le royaume d'Italie, ayant une population de 26 millions d'habitants, et pouvant mettre sur pied une armée de 500,000 hommes. L'avenir résoudra cette question.

# HUITIÈME LEÇON.

Système militaire de la Russie. — Considérations générales.
Tableau de l'armée russe.— Armée active;— Corps spéciaux.—Troupes
   irrégulières.
Divers autres éléments du système militaire de la Russie.
Coup d'œil sur l'organisation militaire de l'Angleterre.
Conclusion de la première partie du cours.

---

## I.

**Considérations générales.** — La Russie a un territoire de
22 millions de kilomètres carrés, dont 5 millions,
400 mille en Europe.

Sa population est d'environ 60 millions d'habitants.

Une grande partie de cette population est composée
d'esclaves ou de serfs, qui appartiennent à la couronne
et à quelques milliers de familles nobles.

De plus, cette population est formée de quinze races
principales. Grands et petits Russes, Slaves, Polonais,
Finnois, Tartares, Caucasiens, etc...., dont l'assimila-
tion n'est pas encore complète.

On estime les revenus de la Russie à environ 450
millions ; sa dette à environ 2 milliards.

Les frontières de la Russie ne sont vulnérables que
du côté de l'Europe. Au nord, elle est couverte par la
mer ; à l'est, par des contrées presque désertes ; au
sud, par les montagnes du Caucase et la mer Noire.

Le Gouvernement est une monarchie absolue. Néanmoins, l'aristocratie du pays exerce une certaine action
morale dans l'État.

L'Empereur a auprès de lui le conseil de l'Empire
qui joue à peu près le rôle de notre conseil d'État.

Pour la composition de l'armée, la noblesse et une certaine partie de la bourgeoisie fournissent les officiers. Les serfs donnent les soldats.

Ceux-ci, endurcis au froid, aux fatigues et aux privations, présentent une infanterie redoutable, quoiqu'un peu lourde. La cavalerie régulière est belle et bien montée, car la Russie possède de grandes ressources en chevaux. La cavalerie irrégulière est nombreuse et fournit d'excellents éclaireurs.

L'état militaire est très-considéré en Russie, trop peut-être, car tout repose sur l'armée. Et, dit Talleyrand, on peut s'appuyer sur les baïonnettes, mais non pas s'y asseoir.

Voilà les avantages du système militaire russe.

Les inconvénients tiennent à son mode d'administration, à l'absence d'industrie, aux difficultés du recrutement et des voies de communication. Au moment de la guerre d'Orient, les renforts envoyés à l'armée avaient à parcourir 600 kilomètres, à travers des steppes, sur de mauvaises routes. On emmenait jusqu'en Crimée les charrettes et les paysans, sans fourrages et sans indemnité. Enfin, dans la même guerre, la Russie a montré le peu de développement de son crédit ; elle avait de la peine à emprunter 200 millions, tandis que les puissances occidentales trouvaient facilement trois milliards.

J'emprunte à un ouvrage intitulé : *Étude sur l'avenir de la Russie*, les observations suivantes, que je signale sans en discuter la valeur :

« La discipline de l'armée russe laisse à désirer. On en a fait une question de formes extérieures, basée sur la crainte et la servilité, nullement sur le respect et l'attachement à la personne du supérieur. Les soldats sont traités avec brusquerie et brutalité.

« Les vivres, fourrages, habillements, munitions sont
fournis par les chefs de corps : aussi les soldats sont
mal nourris, et la comptabilité présente des malversations nombreuses.

« Les exercices sont continuels, interminables, et
tiennent plus à la parade qu'à l'utilité.

« Les recrues sont arrachées de leurs foyers avec
brutalité, envoyées au loin, conduites sous escorte à
leurs régiments, avec une perspective de 15 ans de
service. Ces causes réunies produisent une mortalité
considérable. »

Il faut ajouter qu'aujourd'hui la Russie se transforme :
elle perfectionne toutes ses institutions ; elle affran-
chit ses paysans ; elle crée un réseau de chemins de
fer ; elle cherche à faire disparaître les inconvénients
de son organisation, tout en conservant ses avantages.

En 1814, pendant que la Prusse et l'Autriche jouaient
dans la coalition le rôle que j'ai indiqué, la Russie y
tenait le premier rang, aussi bien dans les conseils que
sur les champs de bataille. Elle avait 300,000 hommes
en campagne.

En ce moment, quoique battue par l'Angleterre et
la France dans la campagne d'Orient, elle n'en est pas
moins considérée comme une des puissances prépon-
dérantes de l'Europe.

## II.

La force publique en Russie présente cinq éléments
principaux :

L'armée active ;
Les corps spéciaux ;
Les troupes irrégulières ;
Les colonies militaires et troupes de garnison ;
Enfin les réserves.

Voyons d'abord l'armée active.

L'Empereur en est le chef. Il transmet ses ordres par l'intermédiaire du ministre de la guerre. Il a une maison militaire très-nombreuse, composée d'aides de camp et d'officiers d'ordonnance.

Pour l'état-major général le cadre n'est pas limité. Il se compose de :

Feld-maréchaux ;
Généraux d'armée ;
Généraux-lieutenants ;
Et généraux-majors.

Le corps d'état-major qui vient ensuite comprend environ 400 officiers de tous grades, qui jouissent du privilége d'avoir un grade supérieur à celui dont ils sont titulaires. Ils ont deux grades de plus quand ils servent dans la garde.

Du corps d'état-major dépendent : le corps des *guides d'état-major* et celui des *topographes* qui se compose de 1000 à 1200 sous-officiers sortant des enfants de troupe.

Les troupes de l'armée active sont :

La garde impériale ;
Le corps des grenadiers ;
6 corps de l'armée de ligne ;
Et 1 corps de cavalerie de réserve.

**Garde impériale.** — La garde impériale se compose de trois divisions d'infanterie, ayant chacune deux brigades ; chaque brigade deux régiments ; le régiment, deux bataillons.

Il y a de plus dans chaque division un bataillon de chasseurs à pied.

La garde comprend ensuite deux divisions de cavalerie, une de cuirassiers et une de cavalerie légère.

L'artillerie de la garde se compose de :

> 1 brigade à cheval ;
> 3 brigades à pied ;
> Et 1 parc.

La brigade à cheval comprend trois batteries actives et une de dépôt.

La brigade à pied comprend quatre batteries actives et une de dépôt.

Chaque batterie est de huit pièces et par conséquent l'artillerie de la garde compte environ 120 bouches à feu.

Le génie de la garde est composé d'un bataillon de sapeurs.

Et enfin, la garde comprend encore :

> 1 brigade du train des équipages ;
> 1 détachement de gendarmerie ;
> 1 équipage de ponts, etc...

**Corps des grenadiers.** — Le corps des grenadiers comprend trois divisions de grenadiers, chacune de deux brigades, de deux régiments à trois bataillons. Il y a de plus un bataillon de chasseurs à pied dans chaque division.

Le même corps comprend ensuite une division de cavalerie, composée de deux régiments .de dragons, deux de hussards et deux de bulans ou lanciers.

Puis une division d'artillerie, composée, comme la précédente, de : une brigade à cheval, trois brigades à pied et un parc, avec 120 bouches à feu.

Les corps hors ligne des grenadiers sont :

> 1 bataillon de sapeurs.
> 1 brigade du train des équipages ;
> 1 détachement de gendarmerie ;
> 1 équipage de pont.

**Corps de ligne.** — Les six corps de l'armée de ligne ont

une organisation identique et analogue à celle des grenadiers.

L'ensemble de ces corps présente un total de :

72 régiments d'infanterie ;
36      —      de cavalerie ;
Et 720 bouches à feu.


Le corps de cavalerie de réserve se compose de deux
divisions de cuirassiers avec trente-deux bouches à
feu.

Chaque régiment d'infanterie est organisé de la
manière suivante :

L'état-major comprend :

1 colonel ;
1 trésorier ou quartier-maître, qui est en même temps
    capitaine d'habillement ;
1 adjudant de régiment ;
1 chirurgien de régiment.
1 pope ;
1 tambour-maître.

L'état-major du bataillon comprend :

1 commandant, lieutenant colonel ou major ;
1 adjudant de bataillon ;
1 chirurgien de bataillon.

La compagnie se compose de :

1 capitaine en 1ᵉʳ ;
1 capitaine en 2ᵉ ;
1 lieutenant ;
1 sous-lieutenant ;
1 enseigne ;
1 sergent-major ;
4 sergents ;
14 caporaux ;
4 tambours ;
2 clairons ;
et 230 soldats.

Chaque bataillon a quatre compagnies.

Chaque compagnie est divisée en deux pelotons.

Le bataillon est de 1000 hommes.

Il y a deux bataillons dans les régiments de la garde, trois dans la ligne et cinq dans les régiments du Caucase.

L'organisation d'un régiment de cavalerie est la suivante :

L'état-major comprend :

1 colonel ;
1 major pour 2 escadrons ;
1 trésorier qui est en même temps chargé de l'habillement ;
1 adjudant de régiment ;
1 chirurgien de régiment et 1 aide pour 2 escadrons ;
1 écuyer ;
1 pope ;
et 1 trompette-major.

L'escadron comprend :

1 capitaine en 1er ;
1 capitaine en 2e ;
2 lieutenants ;
2 cornettes ;
1 maréchal-des-logis chef ;
4 maréchaux-des-logis ;
12 brigadiers ;
3 trompettes ;
160 cavaliers dont 20 non-montés sur le pied de paix, et 200 dont 20 non-montés sur le pied de guerre.

Chaque régiment de cavalerie a huit escadrons actifs et un de dépôt.

L'organisation de l'artillerie est la suivante :

Dans chaque corps d'armée, comme je l'ai dit précédemment, il y a une division d'artillerie comprenant : une brigade à cheval, trois brigades à pied et un parc.

La brigade à cheval se compose de trois batteries actives et une de dépôt.

La brigade à pied se compose de quatre batteries actives et d'une de dépôt.

Chaque batterie est de huit pièces.

Les calibres sont le six et le douze.

Le génie se compose de :

1° Un état-major, comprenant environ 400 officiers de tous grades ;

Et 2° Des troupes, à raison d'un bataillon de sapeurs par corps d'armée.

Le bataillon du génie se compose de :

    2 officiers supérieurs dont 1 chef de corps ;
    1 adjudant ;
    1 quartier-maître ;
    2 chirurgiens ;
    1 écrivain ;
    plus 4 compagnies.

La compagnie comprend :

      5 officiers ;
   18 sous-officiers ou caporaux ;
     1 écrivain ;
     4 tambours ;
  200 soldats.

Le train des équipages a une organisation qui correspond à l'organisation générale. Il y a une brigade par corps d'armée et un bataillon par division.

Les voitures sont de deux formes : les unes à quatre roues, attelées de quatre chevaux ; les autres à deux roues et attelées de trois chevaux de front.

La gendarmerie fait le service des quartiers généraux et des arrondissements du territoire ; son organisation correspond à celle de l'armée ; elle est secondée dans son service par les troupes de garnison que nous verrons plus tard.

Le corps chargé de l'administration en Russie s'appelle le corps du commissariat. Il se compose d'intendants et de commissaires divisés en plusieurs classes.

Son action est très-secondaire, parce que les chefs de corps sont chargés de fournir aux troupes la plus grande partie de ce dont elles ont besoin.

Voilà l'organisation de l'armée active en Russie.

**Corps spéciaux.** — Ensuite viennent les corps spéciaux, au nombre de quatre.

Le premier est le corps du Caucase, qui se compose de :

> 1 division de grenadiers du Caucase, de 4 régiments à 5 bataillons ;
>
> 3 divisions d'infanterie à 4 régiments ;
>
> 1 bataillon de chasseurs à pied ;
>
> et enfin 30 ou 40 bataillons de garnison, formant ce que l'on appelle la ligne du Caucase.

La cavalerie est formée de quatre régiments de dragons.

L'artillerie de seize batteries, dont trois de montagne.

Le génie est formé d'un bataillon de sapeurs.

Le train des équipages est représenté par une brigade.

Enfin, le corps du Caucase comprend encore des troupes irrégulières ou des cosaques et des régiments indigènes ou des milices.

Le deuxième corps spécial est celui d'*Orenbourg*, sur la limite du pays des Kirghiz.

Il comprend une division d'infanterie de onze bataillons avec les cosaques irréguliers de l'Oural et d'Orenbourg.

Le troisième corps est celui de Sibérie, formé aussi d'une division d'infanterie et de cosaques.

Le quatrième corps est celui de Finlande, comprenant :

    1 division d'infanterie ;
    Les tirailleurs finnois ;
    Des cosaques ;
    De l'artillerie et un bataillon de sapeurs ;

Tels sont les corps spéciaux.

**Troupes irrégulières.** — Puis nous trouvons dans le système militaire russe les troupes irrégulières, c'est-à-dire les cosaques.

Ils sont organisés en *pulks* ou régiments de 800 cavaliers. Chaque régiment a six sotnias ou six escadrons.

On compte 146 régiments de cosaques, mais une bonne partie doit être considérée comme une sorte de milice territoriale attachée à la défense du sol. Tels sont les cosaques du Caucase, ceux d'Orenbourg, de Sibérie, d'Astracan, etc.

Les cosaques du Don sont les plus nombreux. Ils fournissent deux régiments de la garde et cinquante-quatre de la ligne, avec une batterie de la garde, neuf batteries actives et trois de dépôt.

En 1855, la Russie avait mobilisé soixante-dix régiments de cosaques. C'était une guerre défensive. Dans le cas d'une guerre offensive, elle ne paraît pas pouvoir disposer de plus de quarante à cinquante régiments. Les cosaques sont d'excellents éclaireurs et rendent de grands services à l'armée russe.

Il y a aussi quelques bataillons de cosaques, mais

leur nombre est très-petit, comparativement à celui des escadrons.

D'après l'almanach de Gotha, il n'y a que 31 bataillons pour 843 escadrons.

Après les cosaques viennent comme éléments de la force publique les troupes de garnison et les colonies militaires.

**Troupes de garnison et colonies militaires.** — Les troupes de garnison se composent de quarante-huit bataillons sédentaires, faisant le service de gendarmerie. Ce sont des espèces de vétérans, comprenant des officiers et sous-officiers déjà âgés, avec ce qu'il y a de moins bon dans le recrutement.

Il y a un bataillon par province. Cette gendarmerie mal composée a principalement pour rôle de recevoir et d'escorter les recrues.

Les colonies militaires russes correspondent aux régiments-frontières autrichiens.

Pierre le Grand et Catherine avaient tenté plusieurs essais de colonies militaires. Alexandre les renouvela en 1817, après avoir vu les résultats obtenus par l'Autriche.

On essaya d'abord des colonies d'infanterie qui ne réussirent pas. Puis des colonies de cavalerie, sous la direction du comte de Witt, et celles-ci subsistent encore aujourd'hui.

Pour l'organisation de ces colonies, on choisit des terres de la Couronne que l'on distribua à des populations civiles encadrées militairement. On leur bâtit des habitations sur un plan régulier. Chaque maison correspondant à l'étendue de terre que peut cultiver dans l'année une seule charrue avec quatre paires de bœufs et une paire de chevaux, dut loger et entretenir un cavalier.

Chaque village fut composé de 190 maisons, de manière à loger un escadron.

Neuf villages formèrent un régiment de huit escadrons actifs et un de dépôt. Au centre de ces neuf villages, on éleva les maisons de l'état-major du régiment avec un manége, un hôpital, des magasins, enfin le casernement nécessaire pour un escadron. Tous les escadrons du régiment viennent successivement s'y établir et passent ainsi sous les yeux du colonel.

Deux régiments forment une brigade.

Deux brigades forment une division. Et il y a huit divisions de cavalerie colonisées de cette manière sur les rives du Dniéper et du Bug.

Les colonies militaires russes diffèrent des régiments-frontières autrichiens sous plusieurs rapports :

1° En Russie, la population civile est administrée par un cadre distinct du cadre militaire ;

2° Les troupes ne sont pas confondues avec la population ;

3° Enfin, les colonies militaires ne s'appliquent qu'à de la cavalerie, tandis que les régiments-frontières autrichiens ne donnent que de l'infanterie. Cette différence s'explique par la différence de nature des deux contrées. Les bords du Dniéper présentent un pays presque désert, peu accidenté et riche en fourrages. Les bords du Danube, au contraire, offrent un pays pauvre, montagneux et peuplé.

**Troupes de réserve.** — J'arrive aux réserves russes. Des congés illimités sont accordés en grand nombre pendant la paix aux hommes qui ont déjà fait un certain nombre d'années de service, par exemple, dix ou douze ans. Ces hommes reprennent la vie civile, mais ils peuvent être rappelés en temps de guerre, pour compléter les cadres de l'armée active, ou pour former des bataillons de réserve, ayant une certaine analogie avec les landwehrs prussiennes.

Les cadres de ces bataillons sont permanents et représentent les dépôts de recrutement de la Russie. Ils administrent les recrues et les réserves, en même temps ils les instruisent. Il y a des bataillons de réserve de deux levées, de 1ʳᵉ et de 2ᵉ.

Pour chaque régiment de ligne, il y a un bataillon de première levée et un bataillon de deuxième, ce qui a fait dire au maréchal Marmont, à une certaine époque, que les régiments russes étaient à six bataillons.

Chaque levée présente un effectif d'environ 100,000 hommes.

Enfin, j'ajouterai aux cinq éléments de la force publique que nous venons de voir, les *troupes modèles*. Elles comprennent : un régiment d'infanterie, un régiment de cavalerie, une batterie à pied et une batterie à cheval. On envoie dans ces troupes modèles des hommes de tous les régiments de l'armée, qui retournent ensuite dans leurs corps, montrer ce qu'ils ont appris.

Tels sont les éléments de la force militaire de la Russie. Avant la guerre d'Orient, l'effectif approximatif de l'armée russe était sur le pied de paix d'environ 500,000 hommes, dont 75,000 de cavalerie avec 1000 bouches à feu, sans comprendre les troupes irrégulières.

## III.

**Suite des institutions militaires de la Russie.** — Examinons la suite des institutions militaires de la Russie, et d'abord le *recrutement*.

Il y a trois moyens de recrutement en Russie :

1° Les engagements volontaires, dont le nombre est insignifiant ;

2° La conscription, qui est le mode normal. Un ukase fixe le contingent annuel et détermine le nombre d'hommes à fournir sur 1000. Ce nombre est de 5 en temps ordinaire.

Les seigneurs et propriétaires fournissent ensuite la part qui leur est demandée, en désignant eux-mêmes ceux de leurs serfs, âgés de 28 à 30 ans, qu'ils veulent faire partir.

Les agents de la Couronne agissent de même pour les paysans de la Couronne.

Les hommes de recrue sont examinés par un conseil de recrutement. Quand ils sont reconnus propres au service, ils sont habillés; on leur coupe la barbe et les cheveux et on les escorte jusqu'à leurs régiments.

Il n'y a pas longtemps, dit le maréchal Marmont, les recrues restaient quelquefois six mois en route, par suite de l'étendue de la Russie et du défaut de voies de communication.

La durée du service était de 20 ans. Elle a été réduite à 15, et le sera probablement à 12.

3° Le troisième élément du recrutement russe est fourni par les cantonnistes ou fils de soldats. Ces enfants sont élevés par l'État pour le recrutement de l'armée et particulièrement des sous-officiers. En 1832, la Russie entretenait 36,000 enfants de 12 à 17 ans. En 1842, il y avait dans l'armée 72,000 cantonnistes.

Pour les remontes, les colonels remontent leurs régiments à l'entreprise. Ils y apportent le plus grand soin, quitte à rattraper leurs déboursés sur d'autres dépenses du régiment.

La durée du cheval, en Russie, est de 8 ans, comme en France.

La discipline russe est très-sévère.

Elle admet les châtiments corporels.

Les officiers peuvent être remis soldats; les soldats peuvent être remis recrues, ce qui recule d'autant leur libération.

La justice militaire comporte trois espèces de commissions : de régiment, de division et de corps d'armée.

Il y a à Pétersbourg l'auditoriat général, espèce de cour d'appel ou de cour suprême.

Pour l'avancement et les récompenses, les officiers sortent des écoles militaires, des enseignes ou des sous-officiers qui ont 12 ans de services irréprochables et qui ont subi un examen.

Presque toute la noblesse entre dans les écoles militaires.

L'avancement a lieu ensuite à l'ancienneté et au choix de l'Empereur avec des proportions qui varient suivant les grades.

Les deux ordres militaires principaux de la Russie sont ceux de Saint-Georges et Sainte-Anne.

Quant à l'administration, les capitaines administrent leurs compagnies.

Les colonels administrent leurs régiments, mais seuls et sans conseil d'administration.

Le colonel reçoit pour ses troupes une partie des fournitures en nature. Et, pour les autres, il reçoit un abonnement de l'État et s'adresse à des fournisseurs.

Le commissariat joue par suite un rôle peu important.

L'administration, comme je l'ai dit, est une des parties faibles de l'organisation militaire de la Russie. Un grand obstacle à l'amélioration de cette partie du service est l'insuffisance du casernement. La garde seule a des casernes. Les autres troupes sont cantonnées. De là, difficulté de surveillance et facilité pour les détournements.

Sous le rapport de l'instruction : pendant l'hiver, les soldats sont exercés à l'escrime et aux exercices de détail, dans des salles couvertes, à Pétersbourg et dans les grands centres. Au printemps, ils font l'école du soldat et l'école de peloton dans leurs cantonnements. Pendant l'été, les régiments se rassemblent pour les manœuvres, qui durent jusque vers le milieu d'août.

Telle est la marche habituelle de l'instruction militaire.

Souvent la Russie forme de grands camps d'instruction, et l'un d'eux, celui de Wosnosensk, sous l'empereur Nicolas, a présenté 40,000 cavaliers réunis.

Enfin, comme dernier élément de son sytème militaire, la Russie possède des établissements considérables.

Elle a des arsenaux de construction à Pétersbourg, Moscou, Novogorod, Riga, Kief, Briansk et Kasan; plusieurs manufactures d'armes, dont la plus importante est celle de Toula; des fonderies de canons à Pétersbourg, Moscou, Riga, Kasan, etc...; des poudreries, des écoles militaires, etc....

Tel est le tableau abrégé des institutions militaires de la Russie.

## IV.

**Organisation militaire de l'Angleterre**. — Jetons un coup d'œil sur l'organisation militaire de l'Angleterre, afin de connaître toutes les grandes puissances de l'Europe.

L'Angleterre est une monarchie constitutionnelle. Sa population en Europe est de 27 millions d'habitants.

Elle est la mieux partagée de toutes les nations européennes, sous le rapport de ses frontières.

Elle est la plus puissante sous le rapport de sa marine.

Enfin, elle est la plus riche quant à ses revenus, quoique sa dette soit énorme, puisque les intérêts seuls montent annuellement à près d'un milliard.

La force publique de l'Angleterre présente trois éléments :

L'armée permanente ;
Les milices ;
L'armée hindo-britannique.

L'armée permanente coûte énormément. Elle est difficile à recruter, à nourrir, à équiper, à mouvoir. La profession de soldat est repoussée par l'opinion des citoyens anglais. Néanmoins, cette armée, fortement disciplinée, est une des plus solides de l'Europe.

L'état-major général comprend :

84 généraux ;
190 lieutenants-généraux ;
197 généraux de brigade.

Il n'y a pas de corps d'état-major, mais dans les régiments, il y a une classe d'officiers propres à ce service et sortant d'une école spéciale où ils étudient 2 ou 3 ans.

La garde royale anglaise comprend :

1 régiment de grenadiers à 3 bataillons ;
2 régiments d'infanterie à 2 bataillons ;
3 régiments de cavalerie.

L'infanterie de ligne se compose de 100 régiments, dont 74 à 1 bataillon, 25 à 2 bataillons, et 1 à 4 bataillons.

Chaque bataillon a 10 compagnies, dont 8 actives et 1 de dépôt.

Il y a de plus un corps de riffles ou chasseurs à pied.

La cavalerie se compose de :

1 régiment de carabiniers et 9 régiments de dragons formant la grosse cavalerie ;
4 régiments de dragons légers, 4 de lanciers et 4 de hussards, formant la cavalerie légère.

L'artillerie comprend :

1 état-major ;
1 brigade d'artillerie à cheval ;
16 brigades d'artillerie à pied.

Les batteries sont de 6 pièces, 5 canons et 1 obusier.

Le génie comprend :

1 état-major ;
et comme troupes, 23 compagnies de sapeurs et de mineurs.

Le corps du commissariat comprend :

110 fonctionnaires.

L'armée anglaise est forte d'environ 240,000 hommes, dont 90,000 pour l'Inde.

Le recrutement a lieu au moyen d'enrôlements volontaires avec primes.

Les grades s'achètent.

La milice, qui forme le deuxième élément de la force publique, s'étend sur tous les sujets anglais sans exception. On tire au sort ceux qui doivent en faire partie. La durée du service y est de 8 ans.

C'est une espèce de landwehr, armée, soldée, équipée et réunie pendant un certain temps seulement.

Les régiments de milice présentent un effectif d'environ 70,000 hommes.

L'armée hindo-britannique se composait, avant la révolte des Indes, de 25,000 hommes de troupes de la reine, de quelques régiments européens à la solde de la Compagnie, et enfin d'un grand nombre de régiments de cipayes, dont tous les officiers supérieurs étaient Anglais, et où les indigènes n'arrivaient qu'aux grades inférieurs.

L'armée du Bengale comptait 2 régiments européens et 74 de cipayes.

L'armée de Bombay, 2 régiments européens et 29 de Cipayes.

L'armée de Madras, 2 européens et 52 de cipayes.

Le total était de 320,000 hommes.

Depuis l'insurrection, l'organisation de cette armée a subi quelques changements. Cependant elle se compose toujours de régiments européens et de régiments indigènes. Mais les régiments européens sont devenus beaucoup plus nombreux et appartiennent tous à l'État.

Il faut joindre, à l'énumération des forces anglaises, les *volontaires*, qui se sont organisés tout récemment dans la crainte d'une invasion, et qui rendraient certainement de grands services dans une guerre défensive. On en compte environ 170,000.

## V.

**Conclusion du livre 1er.** — J'ai terminé la première partie du cours. Je l'ai consacrée à l'étude des institutions militaires des États.

J'ai indiqué d'abord les principes généraux qui leur servent de bases. Puis j'ai examiné l'application de ces principes chez les grandes puissances de l'Europe.

J'ai esquissé alors à grands traits le tableau de leurs forces militaires d'une manière aussi complète que me l'ont permis les documents que j'ai pu me procurer, et en même temps d'une manière aussi exacte que le comporte la période de transformation et de changements dans laquelle se trouvent aujourd'hui toutes les armées européennes.

L'étude des institutions militaires des États devait me servir de point de départ, parce qu'elle embrasse l'ensemble des moyens et des ressources que les peuples modernes mettent en usage pour constituer la guerre, et parce que c'est dans cet ensemble qu'ils puiseront plus tard les éléments nécessaires à la formation de leurs armées actives.

C'est ainsi que commence également le précis historique d'une campagne qui doit avant tout faire connaître et permettre de comparer les ressources des puissances belligérantes.

L'examen des systèmes militaires étrangers présente les avantages suivants :

1° Chaque peuple en a besoin pour maintenir son armée au niveau moyen de force, d'instruction et de manœuvres, qui établit une sorte d'équilibre entre les grandes armées européennes ;

2° Cette étude permet encore d'établir une comparaison entre les diverses méthodes employées et d'arriver ainsi au meilleur résultat ;

3° Enfin, l'art. 7 de l'ordonnance du 23 février 1833 dit que, chaque année, un certain nombre d'officiers d'état-major seront envoyés dans les ambassades pour étudier les systèmes militaires étrangers. Cette disposition n'avait pas été appliquée jusqu'ici ; elle vient de l'être tout récemment ; elle est évidemment fort utile. La marche que j'ai suivie dans cette première partie du cours, me paraît présenter un cadre ou un canevas, pouvant indiquer les différents objets qui doivent être successivement examinés.